Volleyball

普通高校奥运特色项目系列教材

排球、气排球与沙排

◎主　　编　陈小珍　陈坚坚
◎副 主 编　田　忠　骆文棽
◎参编人员　董育平　王先驰　陈洁屏

ZHEJIANG UNIVERSITY PRESS
浙江大学出版社

图书在版编目(CIP)数据

排球、气排球与沙排 / 陈小珍,陈坚坚主编. —杭州:浙江大学出版社,2017.5(2025.8重印)
ISBN 978-7-308-16258-6

Ⅰ.①排… Ⅱ.①陈…②陈… Ⅲ.①排球运动—基本知识 Ⅳ.①G842

中国版本图书馆 CIP 数据核字(2016)第 236336 号

排球、气排球与沙排

陈小珍　陈坚坚　主编

丛书策划	葛　娟
责任编辑	葛　娟
责任校对	陈丽勋
封面设计	周　灵
出版发行	浙江大学出版社
	(杭州市天目山路 148 号　邮政编码 310007)
	(网址:http://www.zjupress.com)
排　版	杭州青翊图文设计有限公司
印　刷	嘉兴华源印刷厂
开　本	787mm×960mm　1/16
印　张	14
字　数	290 千
版 印 次	2017 年 5 月第 1 版　2025 年 8 月第 6 次印刷
书　号	ISBN 978-7-308-16258-6
定　价	38.00 元

普通高校奥运项目系列教材
学术顾问委员会

普通高校奥运项目系列教材
编委会成员

（以姓氏笔画为序）

王大庆	卢　芬	叶亚金	叶茵茵	付旭波	付建东
刘　明	刘　剑	刘斯彦	江晓宇	许亚萍	杨永明
吴　剑	吴叶海	余保玲	张　锐	张华达	陈　烽
陈小珍	陈志强	陈坚坚	陈忠焕	金慧娟	郑其适
赵晓红	柳志鹏	施晋江	恽　冰	钱宏颖	黄　力
董育平	董晓虹	楼恒阳	虞力宏	潘雯雯	潘德运

序
PREFACE

高等学校体育是整个国民体育的重要基础,是我国体育工作的重点内容。21世纪高等教育强调"健康第一"、学生全面发展,把教育改革提高到一个新的高度。2010年《国家中长期教育改革和发展规划纲要》指出今后十年我国教育改革发展要贯彻优先发展、育人为本、改革创新、促进公平、提高质量的方针。随着社会发展和人的需求的变化,高校的社会功能被不断深化,体育的育人功能日益突显,目前"办特色学校,创教育品牌"已成为我国众多教育工作者的共识。时代在变,学生的兴趣爱好也在变,丰富高校体育课程资源,开拓学生喜闻乐见的体育项目是高校体育教育工作者的重要工作。

浙江大学根据公共体育教学精品化的发展目标,"关注教育质量的提升,着眼教育内涵的发展"。学校对学生的培养目标是轻竞技,重参与,以大众参与为手段,丰富体育课程资源,满足体育锻炼需要,促进锻炼习惯养成。因而,公共体育教育中心在开设课程的形式方面也作了较大幅度的改革,进行分层次教学,注重知识、技术、技能的层次特点,为学生从事终身体育打下坚实基础。浙江大学公共体育教育以奥运与非奥运项目为主体,以传承与创新为根本,形成内容丰富多彩、形式活泼多样、学生积极参与的校园体育文化氛围。

这套奥运项目专项系列丛书包括《篮球》《排球、气排球与沙排》《足球》《乒乓球》《羽毛球》《网球》《游泳》《跆拳道》《高尔夫球》《健身运动》等,教材面向普通本科生、研究生,结合健康教育理念,摆脱传统平铺直叙的编写模式,形成师生互动关系,增加启发性和趣味性,培养和调动学生主动学习的兴趣和积极性。本系列教材既可作为学生体育课教学使用教材,也可作为学生课外自行锻炼的参考书。

浙江大学副校长

前 言
FOREWORD

　　21世纪是一个经济快速发展的时代,面对激烈的竞争,社会对人才的综合素质提出了新的要求:增强法制道德观念及社会责任感;构建完善的知识结构;发展智力,培养能力;培养健康的心理素质;塑造健康的道德人格等。故21世纪的人才应具备现代化的心理素质,成为智能、知识、信息的合格载体,能从事现代化的创造性劳动,并自觉地服务于社会进步和人类正义文明事业。排球运动对培养学生的思想素质、专业素质、身心素质和文化素质所构成的人才素质和人才培养有着十分重要的作用。

　　素质的内涵具有时代的特征,不同的时代要求不同的素质。当今社会是一个瞬息万变的社会,要求我们有适应在竞争中脱颖而出和在挫败中成长的能力。排球是一项传统的集体项目,课程具有教育性、集体性、竞争性、应变性和规范性等特点,能有效地培养学生的自立自强、顽强拼搏、团结协作、开拓进取的精神,增强集体荣誉感和社会责任感。

　　本教材的宗旨是,发展学生身体素质,引领学生尽快地进入大排球领域,享受排球、气排球、沙滩排球运动的乐趣。让学生在运动中尝到锻炼的快乐、竞争的刺激、合作的愉悦,体验到挫折与勇气、失败与成功、拼搏与胜利的关系。本书共分十章,主要内容包括:排球、气排球、沙滩排球的起源发展、基本技术、基本战术、主要规则以及练习方法等。介绍了气排球、沙滩排球与硬排各自不同的技术特点和比赛方法。分别编写了初级、中级、高级不同级别的练习方法和练习内容,以满足不同基础、不同要求学生的需要。本教材内容通俗易懂,深入浅出,可读性强。可作为高等院校排球教学的教材,也可作为学生自学排球、气排球、沙滩排球的理论依据和实践指导。

　　本教材中的排球基本技术动作示范图片由浙江大学女排队员王梓菡完成,气排球基本技术示范图片由浙江大学学生陈晓煜完成,图片处理由段仕君、陈晓煜完成。本教材的出版得到姚鸿芬老师的大力支持,在此表示感谢。

主　编

2016年1月

目 录
◆CONTENTS

第一章　排球运动与健康

★ 应知导航

　　运动与健康紧密相连,排球运动以其独特的项目特点,使参与者不仅能提高力量、速度、耐力、灵敏、柔软等身体素质,更能提升身心的愉悦与意志的培养。排球练习要求参与者相互支持、相互理解、相互包容、共同拼搏,在这一过程中练习者逐渐塑造了与人共同合作的心理素养。本章着重阐述了排球锻炼对大学生身心健康的作用与影响,如何避免练习中伤害事故的发生以及简单的处理方法,避免由于不良锻炼习惯对身体造成的伤害;提示注意运动中的膳食营养平衡,确保参与者通过排球锻炼使身体更加强壮,心情更加愉悦。

第一节　健康概述

　　随着经济的发展和社会的进步,人们的生活方式发生了很大变化。物质生活日益丰富的同时,社会竞争的压力也随之增大,这就引发了诸多人的身体与心理病症,由此也使得人们对健康的追求越来越迫切和强烈。

一、健康的概念

（一）健康的定义

　　健康是指一个人在身体、精神和社会等方面都处于良好的状态。联合国世界卫生组织早在 1948 年的《宪章》中就指出:"健康不仅是没有疾病和衰弱现象,而是一种身体、心理、社会功能三方面的完满状态。"1989 年世界卫生组织又一次深化了健康的概念,认为健康包括躯体健康、心理健康、社会适应良好和道德健康。这种新的健康观念既考虑到人的自然属性,又考虑到人的社会属性,摆脱了人们对健康的片面认识。健康是人们每天生活的资源,并非生活的目的;健康是社会和个人的资源,是个人能力的体现。

（二）健康的代表性标志

身体的健康包括：躯体健康、心理健康、心灵健康、社会健康、智力健康、道德健康、环境健康等。鉴于世界各国对健康问题的研究，世界卫生组织在其制订的世界保健大宪章中对健康提出了以下十条准则：

1.充沛的精力，能从容不迫地担负日常生活和繁重的工作而不感到过分紧张和疲劳。

2.处事乐观，态度积极，乐于承担责任，事无大小，不挑剔。

3.善于休息，睡眠好。

4.应变能力强，能适应外界环境中的各种变化。

5.能够抵御一般感冒和传染病。

6.体重适当，身体匀称，站立时头、肩位置协调。

7.眼睛明亮，反应敏捷，眼睑不发炎。

8.牙齿清洁，无龋齿，无疼痛，牙龈颜色正常，无出血现象。

9.头发有光泽，无头屑。

10.肌肉丰满，皮肤有弹性。

由此可见，人们不再把健康等同于没有疾病，而是崇尚身体、心理、道德、社会责任等的综合健康。

（三）身体健康与心理健康的关系

身体健康即通常人们所说的生理健康，是指人体的结构完整而又健全，生理功能正常而又完善。心理健康指的是一种持续的心理状态，在这种状态下，个人具有生命的活力、积极的内心体验、良好的社会适应，能够有效地发挥个人的身心潜力与积极的社会功能。

健全的精神寓于健康的身体，健康的身体是心理健康的基础，身体健康是人生完全健康的基石。良好的情绪状态可以使生理功能处于最佳状态。身体状况的改变可能带来相应的心理问题，作为身心统一体的人类，身体和心理是紧密依存的两个方面。

二、体育与健康的关系

（一）自然科学的体育健康观

自然科学的体育健康观是：运动促进机体健康，运动促进心理健康，运动带来积极的生活方式。

1.适量运动对人体健康的影响

适量运动是指根据运动者的个人身体状况、场地、器材和气候条件，选择适合的运动项目，使运动负荷不超过人体的承受能力，又可以促进身体的内循环，可以减少心脑血管病的死亡（全世界三分之一的死亡由心脑血管引起的）；减少心脏病和直肠癌发病危险

性;帮助预防高血压病;帮助预防和减少骨质疏松;帮助强健筋骨、肌肉和关节,延缓衰老。

2.适量运动对个体心理功能的影响

心理健康是比较而言的,个体的心理状态都处在较健康和极不健康的两端连续线中间的某一点上,是动态变化的。心理健康与否是反映某一时段内的特定状态,而不是固定和永远不变的。通过体育锻炼可以改善运动者的心理功能,提高人体感知能力,使其更加了解自身。同时,运动者还可以通过运动表象,使运动者产生特殊的体验,提高自身的认知和记忆能力,促进思维的良好发展,成就健康的自身心理建设。

3.运动缺乏对个体身体的影响

对心血管功能的影响:运动缺乏可导致氧气运输能力低下,血管弹力减弱、心脏收缩力不足,心功能降低,易引发心血管疾病。

对呼吸功能的影响:运动缺乏可使肺通气和换气功能下降,肺流量减少,气体交换率下降。呼吸表浅而次数增加,会使呼吸肌的调节能力减弱,进而导致呼吸功能降低。

对神经系统的影响:运动缺乏可使脑细胞的新陈代谢减慢,使人的记忆力与大脑工作的耐力下降,大脑皮质分析、综合和判断能力减弱,反应慢、不敏锐,最终使大脑工作效率降低。

运动缺乏易导致肥胖:缺乏运动可使成人和儿童体内储存过多的脂肪,导致肥胖或体重超出正常。

对运动系统功能的影响:运动缺乏易导致骨质疏松,使骨重量降低、活动功能下降、骨周围肌肉组织肌力减弱,姿势不稳、容易跌倒。运动缺乏还可使关节灵活性和稳定性减低,肌纤维变细、无力,肌肉收缩能力减退。

对肠胃功能影响:久坐不动者的肠胃蠕动慢,正常人的食物积聚于肠胃,使肠胃负荷加重,长此以往会导致胃及十二指肠疾病。

(二)人文社会科学的体育健康观

1.体育要面向全人类发展的根本需要。

2.促进人类健康是体育的终极目的。

三、亚健康

(一)亚健康的状态

亚健康是介于健康与疾病之间的一种状态,是指机体在内外环境不良刺激下引起心理、生理发生异常变化,但尚未达到明显病理性反应的程度。亦称为灰色状态、病前状态。处于亚健康状态下的机体的生理功能开始下降,反应能力降低,精神状态欠佳,免疫能力低下,体力下降,有不舒适感。此时存在发生各类疾病的危险。亚健康状态下人体既可能向健康状态转化,也可能向疾病状态转化,向何种状态转化取决于自我保健的措施和自身的免疫能力状态。

（二）导致亚健康的原因

1.过度疲劳造成的精力、体力透支。

2.人体的自然衰老。

3.现代身心疾病。

4.处于人体生物周期中的低潮时期。

5.自然环境的影响。

（三）亚健康的预防和消除

1.适度运动,体育锻炼是提高机体抗病能力,增强免疫功能,使机体摆脱亚健康状态保持健康水平的有效方法。

2.全面、均衡、适量的营养,营养要全面适度。

3.调控情绪,保持心理健康。

4.提高自我保健意识,睡眠养神,适时干预。

第二节　排球运动对当代大学生的健身价值

排球运动作为强身健体的游戏项目和充满对抗挑战的竞技运动,给人的身心健康带来全方位的锻炼,是目前高校开设的主要课程之一,颇受大学生喜爱。排球运动既有观赏性又具健身性同时又有较强的心理和情感体验,是和谐校园文化建设的重要组成部分,有利于校园精神文明的建设和学生健康水平的提高,使人终身受益。

一、排球锻炼增强学生运动素质

每个人的健康状况是由身体形态、人体机能和身体素质来体现的,学生时期经常参加排球运动,可以促进力量、速度、耐力、灵敏等身体素质的全面提高,改善人体机能。

1.提高心肺功能

心肺功能是指健身时人体内糖、脂肪在氧供应充足的条件下释放能量,供 ATP（三磷酸腺苷）、CP（磷酸肌酸）再合成,并放出能量供给肌肉需要的过程。运动持续越久脂肪消耗会越多。排球比赛五局三胜制,一场常态的比赛,需要 1 小时 45 分钟时间。从所需的时间来看,排球运动可以看成是一项有氧供能的运动,但排球技术动作是瞬间完成的,因此又与无氧供能密切相关。国内外排球科研成果证明,排球运动是一项有氧代谢和无氧代谢两种代谢方式相结合的体育运动,无氧供能约占 20％～40％,有氧供能约占 60％～80％,有氧供能占主导地位。因此,经常参加排球运动,可以增强心血管功能,增大心输出量,提高氧运输能力,提高肺活量。

2.提高肌肉力量

肌肉力量增大,需要骨骼肌组织增粗,肌纤维横断面增大。排球运动的比赛和教学,常态的动作是助跑起跳、移动防守、跑动保护等。练习中的迅速起动、快速奔跑、轻松起跳,必须充分利用人体大肌群的力量。通过腿、臂、肩、背、腰,以及整个躯干的各肌肉群有机的协调配合,才能产生最佳的做功效果。经常参加排球锻炼,可以使肌肉中 ATP 的含量增加,提高机体的供能量,促进肌肉中 CK 酶的活性,耐乳酸的能力增强,从而提高有氧氧化能力,延长肌肉工作的时间,提高肌肉的耐力,增粗肌纤维横断面,加强肌肉力量。

3.提高弹跳能力

跳跃是排球比赛的一大特点,排球比赛进攻与拦网的抗衡,是争取得分的重要环节。队员要显示网前的进攻与拦网威力,弹跳力显得尤为重要。一场普通的比赛,双方在网上的抗衡会有几百次的起跳,高频率的跳跃,会逐渐减少人体腰腹部及大腿的赘肉,使身体得到均匀发展,让身材更加匀称,腰部更加健美,突显"S"型身材。

4.提高视觉感观能力发展灵敏素质

灵敏素质是指人体在各种复杂、突变的情况下,快速、准确、协调、灵活地完成动作的能力,视觉感官是提高灵敏素质的重要前提。排球运动各项技术动作都是球在飞行中完成,要求参与者必须时刻盯住动态中的排球,及时判断人与球的位置,以正确的姿势,通过"眼观手击"完成击球动作。所以通过排球运动,可以改善人体视觉反应能力,扩大视野,并使眼疲劳得到缓解。学生时期当繁重的学业使眼睛疲劳时,去排球场打排球是个非常不错的选择。排球运动不仅调节人的视物能力,增强视觉和方位感,同时使人体视觉反应与肢体动作的传导越来越快,大大提高了人体灵敏性。

二、排球锻炼增强学生心理调控能力塑造良好个性心理

1.有助于疏导不良情绪,提高抗挫折能力

焦虑和抑郁是普通大学生遇到的最常见的困扰情绪,焦虑者常常无端地感到心烦意乱,惶恐不安。它不是由某一具体事件引起的,而是由于多方面的困扰得不到及时疏通导致的。例如:同学相互间的竞争,学习或家庭方面的巨大心理压力,情感方面的失控等因素产生持续的焦虑,如果焦虑情绪持续扩大,抑制了其他神经系统的兴奋,就会让人痛苦不堪。当其他心理辅导措施都难以奏效时,体育锻炼可以有效减轻焦虑症状,增强心理调控能力。经常参加排球运动的训练或比赛,会学到很多控制自己情绪和调节自身心理的手段和方法。一场排球比赛三局 65 个球,五局 115 个球,而双方的得分还远不止这个数,在这么多的得、失分球当中,有漂亮的得分球,也有让你后悔莫及的失误。在这个过程中你会慢慢学会"放下"、"忘掉"、"总结"。例如连续失误时,如何使自己尽快冷静而且不灰心,比分落后时要求自己沉着不气馁,关键比分时进攻不手软等等,让自己变得洒脱、自信、自强、乐观。通过场上相互之间所特有的交流形式,自然的沟通,还可以增进理

解,疏导不良的情绪状态,缓解焦虑和抑郁症状。

2.有助于培养良好的个性心理

个性心理特征是指个体身上经常地、稳定地表现出来的心理特点,主要包括能力、气质和性格。它是一个人比较稳定的心理、生理素质和社会行为特征的总和,是一个人能否适应社会或能否被社会接受的关键因素。排球运动能有效地帮助人们树立良好的个性心理。

首先,排球锻炼有助于人们认识自我,完善自我。排球练习需要有智力、情感和行为的参与,同时还要有较高的体能和技能。排球比赛复杂多变,每一个瞬间都要求参与者做出正确的判断并果断地选择个人技术,为集体战术的配合、整体实力的展现做出自己的努力。这些特点表明,复杂的环境中需要冷静,艰难中需要勇气,常态下需要稳定。这一过程也让锻炼者有机会发挥自己个性中的优秀部分,找出自己的不足,发扬自己的优点,克服改进自己的缺点。

其次,排球锻炼可以丰富人们的情感生活。参与者在活动中体验到的自我意识感、群体约束感和主动积极感,能激励他们以高度的责任感来达成与同伴的合作,以执著的追求驱动自己竭尽全力去实现奋斗目标,以复杂而快速的转移感领略成功的欢乐和失败的痛苦。排球运动给人们提供的情感体验复杂多样,顺应了当代大学生对情感多方面的需求。因此,排球运动有助于实现个性心理特征的自由发展。

3.有助于调节学生人际关系,培养人际亲和力

人际交往是一种以个人为对象,彼此联络感情,协调关系,寻求心理需要满足的活动方式和活动过程,是将个人与个人、个人与群体联结成社会网络必不可少的纽带。正常的人际交往可以获得他人的支持和帮助,可以减轻失望的痛苦和悲伤。所以不断提高个人的人际交往能力是培养健康心理的有效途径。

排球运动参与者的人际互动是面对面的有意识的、能动的,沟通方式直接而随意,包括语言、手势和表情等,可以最大限度地表现自己个性的各个方面,即丰富的感情和复杂的情绪。这种队友之间的自然接触、自然交流,加强了相互间的了解、提高了彼此的信任,有利于青年人心胸开阔,融洽人际关系,提高幸福指数,培养良好的心境。

4.有利于培养学生团队合作意识,增强社会适应能力

合作是两人或两人以上的群体为达到共同目的,在行动上相互配合的一种互动形式。人类社会发展的历史证明了一个永恒的真理:个人的作用和贡献总是有限的,真正的力量在于集体之中。合作是人类社会生活中常见的现象,这种沟通与合作具有普遍的社会意义,是团队获得胜利的基础。

排球运动是一项特别需要通过集体配合取胜的竞赛项目,场上的队员是由共同目标联系在一起的人群的聚合,在这个集体中每个人都占有一定的地位,扮演不同的角色,遵守共同的纪律和行为规范,在心理上彼此意识到对方的存在,在行为上相互作用,彼此影

响,各成员有共同的信仰与一致的目标作为心灵上相互联系的纽带,也就是说团队内的成员在心理上有一定的联系并发生影响,意识到团队的力量和价值,并为整个团队利益和荣誉而努力。排球比赛中的个人技术必须依托于其他五个队员的配合来完成,没有同伴的配合,再好的个人技术也无法展示。三次过网,一人不能连续击球两次的规定,使得进攻手必须依附于二传,二传必定依附于一传的到位。前一环节的失误,直接影响后面环节的发挥而使整个团队的战斗力大大削弱。所以场上六名队员必须相互支持、相互理解、默契配合、顽强拼搏,才能取得最后的胜利。排球比赛的过程就是一个相互包容、理解、合作、鼓励的过程。经常参与排球练习和比赛,可以培养学生优良的体育道德作风和团结协作的集体主义精神,提高与人合作的能力。

第三节　排球运动常见损伤及其预防

一、运动损伤的概念和分类

(1)定义:体育运动中,造成人体组织或器官在解剖上的破坏或生理上的紊乱,称为运动损伤。

(2)分类:运动损伤按时间可分为新伤和旧伤;按病程可分为急性损伤和慢性损伤;按性质可分为开放性损伤和闭合性损伤;按程度可分为轻度损伤、中度损伤和重伤。

二、排球运动损伤发生的主要原因

(1)对运动损伤预防的重要性认识不足,未能积极地采取有效的预防措施。
(2)准备活动不充分或不做准备活动就进行激烈的体育活动,准备活动的内容不当。
(3)错误的技术动作。

三、排球运动常见运动损伤及其处理和预防

1.擦伤
擦伤是一种皮肤表面受到摩擦后的损伤,属开放性损伤。
原因:排球比赛球不能落地,所以在比赛中运动员会全力以赴用前扑、鱼跃和滚翻动作将即将落地的球救起,使身体表皮组织与地面发生急剧摩擦,造成擦伤。
症状:擦伤虽然属一种常见的损伤,创口较浅,但一般也有出血或组织液渗出现象,常常自行凝固止血,危险性不大。

处置：

(1)轻度擦伤：可用生理盐水或冷开水冲洗伤口，经双氧水消毒，用红汞或抗生素软膏涂敷。伤口干净者一般只要擦上红药水或聚维酮碘溶液即可自愈。

(2)重度擦伤：首先要及时止血，切不可任意触摸伤口以免感染，应及时到医院清洗伤口，并用抗菌药物治疗，伤口大者还需及时进行缝合、包扎。

预防：注意场地器材设备的安全，切勿在场地不平或雨后地面湿滑的环境下进行排球运动；在倒地时身体要有自我保护动作，尽量让身体与地面的摩擦力减小到最低程度；练习中尽量戴护膝。

2.腕指关节软组织损伤

腕指关节软组织损伤是指手在球的外力直接作用下使皮下组织、肌肉、韧带或其他组织受伤。

原因：当手指受到撞击、压轧等外力冲击，使手指发生过度背伸、掌屈或扭转时，引起指间关节或掌指关节两侧副韧带、关节囊的损伤。对于初学排球者而言，由于技术动作不熟练，完成动作时身体不协调等很容易出现这种损伤。特别是传球，当来球弧度高速度快时，更易造成手指的挫伤；其次在拦网时，当猛烈的扣球击中拦网队员的手指时，如果手指手腕没有足够的紧张度，就很容易造成手指手腕的损伤。

症状：指间关节肿胀、疼痛，屈伸困难。

处置：不要立即揉捏，应采用冷敷后加压包扎，然后去医院诊治。在确诊非骨折后，24～48小时后对伤部周围进行热敷或按摩，加快消炎和消肿。

预防：做好充分的准备活动，打球时不要用手指尖去正对来球，应该用指腹去击球。传球时大拇指不要前突，以免挫伤。拦网时手指、手腕要紧张，五指分开用手掌指腹主动迎球以防手指被打伤。

3.肩关节损伤

原因：肩关节为多轴关节，关节囊薄而松弛，周围韧带少而弱，因此它是人体最灵活，且稳定性较差最易发生损伤的一个关节。排球技术中的发球和扣球动作，需要较强的肩带爆发力，但大学生肩部力量普遍较弱，挥臂时动作僵硬极易造成肩部韧带损伤；再者，频繁地扣球，肩关节长期超范围的转肩活动或挥臂扣空球等，使肱二头肌长头肌腱在结节间沟内不断抽动或横向滑动，使该肌腱的腱鞘受到反复摩擦而产生肱二头肌长头肌腱腱鞘炎。

症状：肩关节压点痛或关节轴周围痛；肩关节无法上抬；挥臂就疼痛。

处置：立即停止活动适当休息。24～48小时后进行理疗、按摩、外敷中药或针灸等进行治疗。

预防：做好充分的准备活动，在发球或扣球前，把肩关节周围的韧带拉松。练习时注意动作的正确性，强度要量力而行，适度而止，避免局部负荷过大造成损伤。平时应加强

肩部肌肉力量和肩的柔韧性练习。

4.膝关节半月板损伤、髌骨劳损

原因:大小腿的反向运动容易引起半月板损伤。膝关节受到暴力冲击或过分牵拉、过分屈伸都会使髌骨劳损。排球运动在跳跃过程中,如踩到其他同伴脚上或踩到球上,往往会使膝关节突然外翻,造成内侧副韧带拉伤。扣球及拦网的跳跃动作和准备姿势的半蹲动作会使膝关节髌骨劳损。

症状:这几种损伤都属于闭合性软组织损伤,即局部皮肤和黏膜完整无裂口的组织内损伤。半月板损伤会使膝关节局部肿胀,关节间隙压痛活动受阻;髌骨劳损会局部酸痛,活动时减轻,活动后加重,没有明显的疼痛部位,严重时会在关节内结液。

处置:侧副韧带拉伤、半月板损伤及髌骨劳损发生后,应立即制动,局部冷敷,切不可用热水擦洗,立即去医院诊治。

预防:要从思想上重视、了解排球运动的特点以及易发生损伤的部位和情境,从而在练习中更好地把握自己的动作。做好充分的准备活动,使膝关节周围的肌肉、韧带得到充分活动。加强股四头肌的力量,练习中避免暴力冲撞。

5.踝关节扭伤

原因:当关节活动范围超过正常限度时,附在关节周围的韧带、肌腱、肌肉撕裂而造成。排球运动在跳跃过程中,如踩到其他同伴脚上或踩到球上,往往使踝关节内翻或外翻(多见内翻),造成踝关节侧副韧带损伤。

症状:临床症状表现为疼痛及因之而发生的肌肉保护性痉挛,产生局部红、肿、热、痛及功能障碍等一系列急性炎症的症状。踝关节不稳、皮下淤血、走路跛行。

处置:首先要制动,立即使用冷敷止血,防止继续内出血,防肿、镇痛和加压包扎,抬高伤肢。切不可用热水擦洗,立即去医院诊治。在确诊非骨折后,24~48小时后对伤部周围进行热敷或按摩。同时敷以创伤膏,加快消炎和消肿。在治疗期间,虽然急性炎症已逐渐消退,但仍有淤血和肿胀,注意保护不能再度损伤,以保证组织新陈代谢,促进再生修复,防止粘连形成。

预防:做好的充分准备活动,使踝关节周围的肌肉、韧带得到充分活动,促进血液循环。在跳起下落时踩到别人的脚或球后应顺势倒下,注意自我保护动作。平时加强踝关节周围肌肉力量和软组织柔软性练习。

6.骨折

原因:身体受到暴力撞击,使骨的完整性遭到破坏,造成骨折。常见骨折分为两种,一种是皮肤不破,没有伤口,断骨不与外界相通,称为闭合性骨折;另一种是骨头的尖端穿过皮肤,有伤口与外界相通,称为开放性骨折。排球运动起跳落地时,踝关节过度内翻或外翻容易造成脚踝的闭合性骨折。

症状:骨折出现后患处立即出现肿胀,伴有剧烈疼痛,活动时疼痛加重,常伴随肌肉痉挛,肢体骨折部位可以发生变形。完全性骨折移动时可听到骨擦音。严重骨折时常伴有大出血、神经受损及休克。开放性骨折还可能导致感染。

处置:骨折的处理方法参照本章"知识拓展"常用急救方法。

预防:做好充分准备活动,跳起扣球或拦网落地时,要控制在本方场区,避免踩到对方脚上。平时加强踝关节周围肌肉和韧带的力量练习。

7.脑震荡

原因:头部受到外力打击后,使平衡器官机能失调,引起意识和机能的暂时性障碍。

症状:受伤后患者可能神志昏迷,脉搏徐缓,肌肉松弛,瞳孔放大但尚对称;清醒后常有头痛、头晕、恶心、记忆力减退或短暂的逆行遗忘等症状。

处置:立即让患者平卧,头部冷敷;如昏迷则指压人中、合谷穴催醒;如呼吸障碍,则实施人工呼吸。如仍出现反复昏迷,或耳口鼻出血,瞳孔不对称,则表明伤情严重,有可能颅内出血,必须立即送医院抢救。轻度脑震荡一般可治愈,但要注意休息。

第四节　排球运动与膳食营养

运动与营养都是影响人体生长发育和健康水平的重要因素,两者相辅相成。合理的营养对运动者来说,可以增强体质,提高运动能力,发挥其更好的技术水平。体育运动也可增强机体的新陈代谢和各器官系统的功能,两者科学地配合,可以更有效地促进人体生长发育和提高健康水平。

一、排球运动能量消耗特点

排球运动作为一项集体项目,比赛时双方争夺的焦点是时间和网上空间,同时还是一种间歇式运动,即短时间爆发式的身体运动被短暂的间歇休息所分隔开。从能量供应的角度来讲,应该是以有氧供能为基础,有氧和无氧供能相结合的运动。

一场排球比赛中参赛者要多次起跳快速移动及完成各种击球动作。通常快速起跳后的扣球、拦网、发球及快速移动时,身体处于无氧代谢状态,体内主要依靠高能磷酸系统和无氧糖酵解供能。但在准备姿势、判断移动以及短暂的休息如暂停、换人、局间和成"死球"时,身体处于有氧氧化为主,体内以消耗糖、脂肪、蛋白质代谢过程释放能量合成ATP供能。

二、排球运动膳食营养

合理营养与平衡膳食是实现健康的源泉,合理营养是运动的基础和保障。运动后可以通过合理的膳食营养来补充运动中消耗的能量和营养物质,以促进体力的恢复与机体健康水平的维持。

1.排球专项技术练习的膳食营养

(1)摄取足够的碳水化合物,以保证机体能源物质的合成。获取碳水化合物的途径主要有两条,一是在用餐时尽量选用高糖的食物和水果,如苹果、面包、谷类和酸奶等;二是训练和比赛时可饮用含糖和电解质的运动饮料。

(2)膳食中应供给含有易于吸收的糖、维生素 C、维生素 B 族、磷、镁、铁等营养素的食物。

(3)含蛋白质丰富的食物,如瘦肉、鸡蛋、大豆、干果等。

2.排球专项身体素质练习的营养补充

(1)速度练习的营养补充

速度练习由于在运动中高度缺氧,机体主要依靠高能磷酸系统和无氧糖酵解供能,体内在短时间内会生成大量的酸性代谢产物,其营养食物的选择,应该符合体内能源物质能迅速被动员和合成的原则。因此膳食中应多吃易于吸收的糖、维生素 C、维生素 B 族、磷、镁、铁和蔬菜、水果以及富含蛋白质的食物。

(2)力量练习的营养补充

力量性练习要求肌肉有较大的力量和爆发力,肌肉做功时,体内蛋白质代谢速度较快,肌纤维的增粗、肌肉力量的增加也需要体内蛋白质的合成。所以,为了尽快消除疲劳,提高力量锻炼的效果,在力量性运动后的膳食,应多补充动物性蛋白和植物性豆类食物,例如:瘦猪肉、牛羊肉、禽肉、鱼虾、牛奶和大豆等。同时因为维生素 B_2 和糖可促进肌肉蛋白质的合成,故维生素 B_2 和糖也应适当增加摄入量。

(3)耐力锻炼的营养补充

在进行耐力性运动过程如长跑时,虽然单位时间内热量消耗不大,但总热量消耗很大。此时,体内的物质代谢以有氧氧化为主,消耗大量的糖原。而肌糖原含量对肌肉的耐力性工作能力有重要作用。因此,在耐力运动后可适当多补充些米、面等淀粉类物质,同时供给丰富的蛋白质、铁、维生素 C 和维生素 B 族。

(4)灵敏性运动的营养补充

灵敏性运动练习时机体总热量消耗不大,但由于神经系统在运动中处于紧张状态,神经系统的消耗却很大,所以热量供给不宜过多,膳食中应多供给含磷较多的食物,如奶制品、蛋类、豆类和绿色蔬菜等。

3.膳食原则

(1)营养要全面、搭配要合理。

(2)食物要细软易于消化。

(3)运动后忌暴饮暴食或过饥过饱,运动中要禁食。

(4)饮食要有规律,每餐基本做到定时定量。

(5)合理补充维生素,因为运动时体内代谢增强,同时增加了体内的维生素消耗,需要在运动后补充含维生素丰富的食物。

三、排球运动与补水

运动补水与运动禁食不同,体育锻炼中及锻炼后补水是可行的,只要口渴都可以补水。因为运动时人体会失去大量水分,当失水量占体重的 4％～6％时,肌肉工作能力就会下降,当失水量为体重的 10％时,就会导致循环衰竭。所以,体育运动中应随时补充体内丧失的水分,以保证身体健康和正常的活动能力。

1.补水方法

运动中补水可采用"少量多次"的补水原则。如果一次大量饮水,会引起血液稀释和血流量激增,破坏体内水盐代谢平衡,加重心脏负担。此外,大量的水进入胃中,不能及时被机体吸收,运动时水在胃中晃动会令人感觉不适甚至引起呕吐。

2.水温的控制

夏季运动后补水温度应在 10℃左右为宜,不宜喝冰水,其他季节最好补充温水。

第五节　科学健身指导

体育锻炼中练习强度和练习方法直接影响锻炼效果。练习强度过小,无法充分动员机体器官的潜力,达不到锻炼的目的,练习强度过大,会超出生理负荷的极限,不仅达不到增强体质的目的,还会对身体造成伤害,所以体育锻炼时必须从自身特点出发,遵循循序渐进原则、持之以恒原则、全面锻炼原则。

一、选择合理运动负荷

运动量亦称"运动负荷",通常指机体在练习时所承受的"生理负担量"。同样的运动量,由于个体体质的不同所引起的生理反应也不同。所以要根据自身的情况特点选择合理的运动负荷。在运动量的控制上,遵循循序渐进原则。

循序渐进原则,主要是指在安排锻炼内容、难度、时间及负荷等方面要根据人体发展规律和超量负荷原理,有计划、有步骤地逐步提高要求,使人体在不断适应的同时,体质逐步得到增强。

(1)运动强度循序渐进。当机体对一定运动负荷产生适应之后,这种负荷对机体的刺激会变小,此时,可以适当增加练习时间和练习次数,让机体产生新的适应。负荷的增加要由小到大,逐步提高。

(2)练习内容循序渐进。练习内容要由简到繁,动作要求由易到难。先练习简单、容易掌握的内容。然后再逐渐增加动作难度和运动强度。

二、自我医务监督

自我医务监督是指参加运动时依据简易的医学检验方法和运动后自己的主观感觉，对自身的生理机能和健康状况进行观察和评定的一种方法。内容包括主观感觉和客观指标(脉搏、体重、肺活量、肌力、月经等)。通过自我医务监督，能使锻炼者及时了解自己在锻炼过程中生理机能的变化，客观地评定运动负荷的大小，早期发现运动性疲劳，为合理安排运动内容和强度以及制定锻炼计划提供依据，预防运动伤病的出现。

1. 主观感觉

(1)自我感觉：在运动时是精神饱满、愉快、愿意锻炼，还是精神不振，不想锻炼；运动中有无肌肉酸痛、头昏、恶心、腹痛等情况；运动后疲劳消除的快慢，睡眠、饮食、机体反应等状况。可按"良好、一般、不良"记录。

(2)睡眠：是否能迅速入睡、熟睡、多梦，早晨醒来是否感觉精神好全身有力。可记录睡眠时间、熟睡程度等。

(3)食欲：可记录为"良好、正常、一般"。

2. 客观依据

(1)脉搏：正常情况下，每日早晨起床前测得的基础脉搏数大致相同，或随着运动效果的增强而稍有减慢。如果有明显的加快或减慢，应考虑有无过度疲劳或疾病的征兆。若出现心律不齐，应查明原因。

(2)体重：一般在运动后的前几周，体重可下降 2~5 千克，以后肌肉体积增加，体重可稍回升，之后稳定在某一水平上，这是正常的现象。如体重持续性下降，则提示过度疲劳、能量消耗过大而摄入不足。

(3)肺活量：正常时肺活量应保持在某一水平，或稍有增加，肌体不良时，肺活量可能持续下降。

(4)月经：女生从事体育运动要注意观察月经周期是否正常、经期长短、经血量多少、是否有痛经等不良反应。

3. 不同疲劳等级的判断依据(见表 1-1)

表 1-1　不同疲劳等级的判断

指标　　状态　　等级	轻度疲劳	中度疲劳	重度疲劳
主观感觉	无任何不舒服	明显疲劳、腿痛	明显疲乏、心悸、腿痛，并伴有胸痛恶心、呕吐现象，持续较久
面色	稍红	明显红	十分红或苍白，有时呈紫蓝色

续表

指标　　状态　　等级	轻度疲劳	中度疲劳	重度疲劳
排汗量	不多并与运动负荷相当	甚多特别是肩带部分	非常多,尤其是躯干部分,在耳朵及衣服上可出现白盐渍
呼吸	中度加快	显著加快	显著加快并且浅,呼吸节奏紊乱
注意力	能比较好的正确执行	执行口令不准确,改变方向时发生错误	执行口令缓慢,只有大声口令才能接受
动作	步态轻稳	步伐摇摆不稳定	显著摇摆现象,出现不协调动作

三、运动安全

运动中应注意的问题:

(1)运动前必须热身,拉伸肢体的各个关节,减少机体组织的黏滞度,给机体一个适应的过程。

(2)选择合适的地点进行锻炼。运动是通过呼吸从外界摄入大量新鲜氧气,以满足健康的需求,故运动前一定要选择好地点,以平坦开阔、空气新鲜的公园、河滩、体育场等最佳。

(3)体育锻炼时宜穿运动服、运动鞋,不能佩戴易造成人体伤害的饰物。

(4)不要在进餐后即刻运动。进餐后即刻锻炼,会给肠胃带来机械性刺激,使肠胃内容物左右、上下震动,可能引发呕吐、胃痉挛等症状。因为吃饱饭后消化器官需要大量血液进行消化吸收,在运动时,机体也需要大量血液参与,于是就会削弱消化器官的血液量,导致消化吸收功能紊乱,直接影响运动效果并危害机体。

(5)不要在饥饿状态下锻炼。有些学生不吃早餐而参加上午的体育课,这对身体健康十分有害。空腹时间过长会出现神经肌肉震颤增强,血压降低,同时注意力不集中、头晕、心慌等现象。

(6)不要在情绪不好的时候进行锻炼。运动医学专家提醒:人的情绪直接影响着身体的生理机能,当人在生气、悲伤时,会在心脏及其他器官上留下痕迹,这种痕迹将影响人体机能的健康。运动不仅是身体的锻炼,也是心理的锻炼,所以不要到运动场上去发泄不满情绪。

(7)运动后不能立即进食。运动后全身的血液还停留在运动器官,在内脏分布较少,此时进食,会增加消化器官的负担,应当在运动后休息30分钟左右再进食,大运动量训练后应当休息45分钟左右再进食。

(8)不要在运动后马上洗澡。运动时体内大量血液分布在四肢及体表,一旦运动停止,增加的血液量还要持续一段时间,此时如果马上洗澡,易导致血液过多地进入肌肉和皮肤,使心脏和大脑的供血不足。

(9)剧烈运动时不要立即停止活动,预防"重力性休克"。要慢跑或慢走,促进血液返回心脏。

(10)月经期间不要参加剧烈运动。月经期间应避免做剧烈的、大强度或振动大的跑跳动作,应适当减轻运动负荷,运动的时间也不宜过长;不宜受寒冷刺激等。

(11)患有各种疾病,例:先天性心脏病、肝炎、肾炎、肺结核等的学生可在体育老师指导下进行小运动量锻炼;患有急性疾病,应该停止锻炼。

(12)运动后要做整理活动。整理活动可以使紧张的肌肉得到放松,有利于机体的恢复。

★ 知识拓展

常用急救方法

1.止血

冷敷法

冷敷可以使血管收缩,减少局部充血,抑制神经感觉,从而有止血、止痛和减轻局部肿胀的作用。此法主要用于急性闭合性软组织损伤。

压迫法:可分为指压法和止血带法。

直接指压法:以消毒纱布覆盖伤口,然后用手指压迫伤口,以达到止血目的。

间接指压法:用指腹压迫出血血管近心端处,如压迫在相邻的骨面上最好,以阻断血液流动。

止血带法:常用的止血带有胶管、布带、毛巾、皮带等。实施时先将患肢抬高,然后在伤口近心端上方缚扎止血带。注意止血带的松紧以出血停止为度。为防止肢体远端坏死,一般止血带缚扎时间不超过2～3个小时,并且应当每一个小时放松5分钟,然后,在另一个稍高的平面重新缚扎。

2.骨折的处理

先止血、包扎,再固定。

对于下肢及脊柱骨折一般应就地固定,不要随便搬动伤员。

四肢骨折有骨外露时,不能还纳,可用敷料包扎。

捆绑的松紧程度要适当。太松则固定不牢,太紧则影响血液循环。

固定后要注意观察手指足趾,如有苍白、青紫、发冷、麻木等,应立即松开重新固定。

先固定骨折近端,后固定骨折远端。

3.固定材料的选择

固定材料的长度,应超过断骨的上、下关节的各一部分。

(1)颈托:颈部固定器,可将受伤颈部尽量制动,避免进一步损害。

(2)夹板类:现成的板、棍、树枝、扁担、杠棒等。

(3)现场制作:杂志、硬纸板、雨伞。

(4)自体固定:将受伤上肢固定在胸部上,将受伤下肢与健肢固定在一起。

4.搬运

伤情较重的伤员经过现场急救后应及时送往医院。在搬运伤员时应当注意以下几点:

(1)搬运前尽可能做好患处初步处理,如止血、包扎、固定等。

(2)搬运动作要轻巧、迅速,尽量避免不必要的震动,特别是脊柱损伤患者,必须整体固定在单架或硬性代用品上,方能移动。

(3)搬运过程中应随时注意伤情的变化,及时处理。

5.心肺复苏

心肺复苏是对心搏呼吸骤停的伤者进行的一种急救措施。人的脑细胞在缺氧的情况下,只能维持6分钟的存活。当患者因意外事故心脏停止跳动时,救生员要在5～10秒钟内完成对患者心搏呼吸骤停的判断,并立即实施心肺复苏术,争取在最短时间内恢复患者心脏跳动。

(1)意识丧失判断要领

第一步 判断有无意识丧失:拍打双肩,凑近耳边大声呼唤,如呼唤无反应,应检查有无呼吸(掐人中穴或其他动作),如均无反应,则确定为意识丧失。

第二步 高声呼救:如确定患者意识丧失,应立即高声呼救:“来人呐! 救命啊!”同时按应急预案程序进行:要求有人拨打120急救电话;要求第一目击者在病人身旁,并开始徒手心肺复苏的救助。

(2)抢救的体位要求

呼救的同时,应迅速将病人摆放成仰卧位;翻身时整体转动,保护颈部;身体平直,无扭曲;摆放地点:地面或硬板床。

(3)徒手开放气道

首先清理口腔,将其头偏向一侧,用手指探入口腔,清除分泌物及异物。然后压头抬颌,使头部后仰,解除舌根后坠对气道的压迫,后仰程度为下颌、耳廓的连线与地面垂直;动作轻柔,防止颈部过度伸展,防止压迫气道。

(4)人工呼吸

实行口对口呼吸法时,患者仰卧,头部后仰,托起下颌,捏住鼻孔,轻压环状软骨,防止空气泄露或进入消化道。始终保持气道开放,吹气时不能漏气,连吹两次,让病人出气,每次吹气量 400～600 毫升,每分钟约 10～18 次,以患者胸部抬起为宜(不是"吹蜡烛"),吹气持续 2 秒,直至患者恢复自主呼吸。

(5)胸部按压

按压位置:胸骨中线中下 1/2 交界处。

按压要领:最好采用跪姿,双膝置于病人体侧并平行与肩部位置;双臂绷直,肘关节不得弯曲;双臂形成一直线,与患者胸部垂直;用上半身重量垂直往下压;下压快,放松时稍慢;手掌根部始终紧贴胸部,放松不离位。

按压频率:100 次/分(9 秒钟内完成 15 次)。

按压深度:胸骨下陷不小于 5 厘米;每次按压应都能触摸到颈动脉搏动。胸部按压与人工呼吸反复交替进行,比例为 30：2。

✦ 学以致用

1.排球锻炼对个性心理方面的影响有哪些?

2.排球锻炼对心理承受能力及价值观形成的影响如何?

3.排球锻炼中要保证运动安全应注意哪些方面的问题?

4.踝关节扭伤后的处理方法有哪些?

5.选择运动时间应注意哪些问题?

6.运动后补水应注意什么问题?

第二章　排球运动概述

★ **应知导航**

排球运动与现代奥运会同时产生,距今已有一百多年的历史。百年沧桑,百年巨变,排球运动经历了三个发展过程,从娱乐排球到竞技排球再到现在娱乐、竞技并存的现代排球。1895 年发明者威廉·G.摩根的初衷是为中老年人设计一项既安全又趣味的娱乐活动。经过一百多年的演变,排球运动已成为适合各年龄层次的人参加的大众化体育项目。人们在认识排球、理解排球、改造排球的过程中所引发的思维和行为模式,即形成了一种排球知识、排球文化。它包含了一种理念,一种精神,一种信念。通过对本章内容的学习,使学生对排球运动的发展、规则的演变以及基本的比赛方法,有一个全面直观的了解,增强学生参与排球运动的兴趣。

第一节　排球运动起源与传播

一、排球从篮球胆中诞生

排球运动诞生于 1895 年,创始人是威廉·G.摩根,美国马萨诸塞州霍利沃克城基督教青年会干事。摩根在辅导人们进行各种体育锻炼的实践中逐渐意识到,不同的对象应该采用不同的锻炼内容与锻炼方法。当时逐渐流行起来的是由奈史密斯发明的篮球运动,但摩根认为篮球运动对常坐办公室的人和年龄较大的人来说过于剧烈,他们需要一项新的运动来满足他们既能得到身心放松又不能太累的愿望。为了找到一种运动负荷适当、身体接触碰撞较少、参加人数多且富于趣味性的娱乐活动,摩根创造了一种结合篮球、网球以及手球的游戏。他在篮球场上架起了网球网(高约 1.98 米),人员分别站在球网的两侧(没有人数规定,只要双方人数对等即可),人们像打网球一样隔网将篮球内胆来回托传。与网球的不同之处是球不能落地,球在哪一方落地一次就算哪一方失败一次,这就是排球的雏形。很快这项运动就在基督教青年会中广泛传播开来。摩根和春田市(Spring Field)体育干事弗兰克·德博士及消防署长林奇共同将这项游戏命名为"Mitontte"(意为"小网子")。

第一代排球的产生:由于篮球内胆太轻,在空中飘忽不定,摩根尝试将篮球胆换成了篮球。但篮球又过于沉重,很难用手将其隔网击打。最后该市的司堡尔丁体育用品公司(Spaulding Company)试做了圆周 63.5～68.8 厘米,重量 9～12 盎司(约 255～346 克),外表为皮制,内装橡皮球胆的球。这就是第一代排球,其规格与现代国际比赛用球非常接近。就这样排球运动也正式诞生了。

第一个排球规则:1896 年摩根制定了世界上第一个排球规则,并发表在当年 7 月出版的美国《体育》杂志上。同年,美国马萨诸塞州基督教青年会体育指导大会在霍利约克城举行,大会期间举行了首次排球比赛,当时上场比赛人数是 5 人对 5 人。来自斯普林菲尔德市的哈尔斯戴特(A. T. Halstead)博士在观看了表演后认为,"小网子"这个名字没能充分表明游戏的本意,他提议根据游戏特点,将"Mitontte"改名为"Volleyball"(意为"空中连续击球")。这一提议形象地概括了"小网子"游戏的特点和性质,得到了大家的一致同意。从此,"Volleyball"就成为排球运动在国际上的正式名称,并一直沿用至今。

二、排球运动的传播

排球运动诞生后,很受美国民众的欢迎,教会及学校纷纷开展了这项运动。同时,排球运动也引起了美国军队的重视,将其列为美国的军事体育项目。之后,美国通过教会的传教活动和军队的军事活动,逐渐把排球运动传播到世界各地。

排球传入美洲:由于地理位置的原因,排球最先传入美洲其他国家,1900 年首先传入加拿大,1905 年传入古巴,1912 年传入乌拉圭,1914 年传入墨西哥,传入美洲其他国家的大多是 6 人制排球。

排球传入亚洲:排球传入亚洲时,规则尚处于不完备的阶段。1910 年美国传教士布朗将排球运动介绍到菲律宾时,看到亚洲各国经常在室外进行排球运动,且人口众多,考虑到让更多的人能参加排球运动,他介绍的是 16 人换发球制的排球,这种 16 人制的打法又随着 1913 年第一届远东运动会的采用而传播到了亚洲各国。这样,亚洲各国都经历了 16 人、12 人、9 人、6 人制排球这一过程。至今,在亚洲各国还能看到 9 人制的排球比赛。

排球传入欧洲:欧洲的排球运动起步要稍晚一些,第一次世界大战期间才随美国士兵登陆。1917 年,排球最先出现在法国,接着传入意大利,1919 年、1921 年先后在捷克、波兰等东欧诸国开展。虽然起步晚,但传入时的排球运动已采用运动员轮转、15 分制和 6 人制,其竞技性已渐成熟,因此发展较快。

排球传入非洲:1923 年排球传入埃及、突尼斯、摩洛哥等国家,非洲排球运动由于起步晚,传入后又未得到广泛开展,其发展缓慢,水平较低,处于相对落后状态。

第二节　排球运动发展

一、排球运动在世界范围内发展概况

世界排球运动的发展主要可分为三个阶段:娱乐排球、竞技排球和现代排球。

（一）娱乐排球（1895—1936 年）

排球运动本来就是为娱乐休闲而创造的,因此排球从诞生之初就被认可为一项娱乐性较强的游戏,人们进行排球运动也是以休闲、健身为主要目的。当然娱乐与竞赛相结合的排球运动,更能体现休闲健身的趣味性。1896 年摩根制定第一个排球规则,之后排球的各项规则开始逐步建立并完善。1900 年比赛采用 21 分制;1912 年采用运动员轮换制和三局两胜制;1915 年采用 15 分制。尤其是 1921—1938 年,因排球技术水平的提高和技术手段的多样化,规则进行了一系列的修改和完善,除划定了比赛场地,技术动作也被归类为发球、传球、扣球和拦网,场上队员也有了明确的位置分工。

1936 年,第一个国际排球组织——排球技术委员会成立,旨在促进国际性的排球比赛和交流,但由于第二次世界大战的爆发,委员会还未正式开展工作就宣布解散。

（二）竞技排球（1947—1980 年）

第二次世界大战期间,世界排球运动一度停滞不前,直到 1947 年 7 月,在法国巴黎召开了国际排球联合会（FIVB）成立大会。国际排联的正式成立,是排球成为世界性竞技体育运动的标志。大会制定了国际排联宪章,成立了技术委员会、竞赛委员会和裁判委员会,正式出版了通用国际排球竞赛规则,从此,排球运动从娱乐阶段进入了竞技阶段。

1. 竞技排球比赛种类

世界级比赛:奥运会排球比赛、世界排球锦标赛、世界杯排球赛。这三项比赛每四年举办一次。除此之外还有世界排球联赛、大奖赛、洲际大赛,例如:亚运会排球比赛、亚洲排球锦标赛、亚洲杯排球比赛。

国内比赛:全国运动会排球比赛、全国排球锦标赛、全国排球联赛。

2. 第一次世界级大赛

第一届世界男子排球锦标赛:1949 年在布拉格举行。

第一届世界女子排球锦标赛:1952 年在莫斯科举行。

第一届奥运会排球比赛:1964 年东京奥运会。

第一届男子世界杯排球比赛:1965 年在华沙举办。

第一届女子世界杯排球比赛:1973 年在乌拉圭举办。

图 2-1

第一届世界青年男、女排球锦标赛在 1977 年举办。

1990 年开始举办世界男排联赛。

1993 年开始举办世界女排大奖赛。

3.风格与流派

排球项目的风格与流派从形式区分有:室内排球与室外排球;从内容区分有:健全人排球与残疾人排球;从排球技术特点区分有:力量派、技巧派、高度派、速度派。

力量派:以苏联男、女排为代表,特点是身高体壮,扣球力量大,高打强攻。他们的进攻常常使对手感到害怕而失去防御能力,多次蝉联世界冠军。

技巧派:以捷克斯洛伐克男排为代表,动作细腻,扣球线路变化多,落点控制好,打吊结合,以巧取胜,让对手难以捉摸。在 1956 年第三届世界锦标赛上大出风头,击败苏联男排获得冠军。

高度派:以德国男排为代表,在进攻上突出高个队员的作用,采用超手扣球,二传手传给攻手的球高达 9~10 米以上,破坏对方拦网队员的起跳节奏,从而大大提高了扣球的成功率。1969 年第二届世界杯和 1970 年第七届世界锦标赛两次获得冠军。

速度派:以中国、日本男排为代表,依靠默契配合、集体智慧、快速善变的"快攻"打法,以快制高对付欧美各排球强国。日本男排在第十九届奥运会、第二十届奥运会上分别获得亚军和冠军。

4.排球技、战术质的飞跃

20 世纪 60 年代中至 70 年代末,世界排坛百花齐放、群雄纷争。

技、战术特点:由单一模式到多种流派的产生;由重攻轻守到攻防兼备;由追求高度和力量到讲究技术和战术;由注重个人技巧到讲究集体配合。

（三）现代排球（1980年至今）

20世纪80年代开始，世界排球进入了技战术高度发展和排球社会化的发展阶段，亦称现代排球阶段。现代排球包括全攻全守排球，社会化、商业化、职业化排球和"大排球"三个内涵。

1.全攻全守排球

进入80年代，各种技、战术流派间的交流融合频繁，打法创新的步伐也在加快，凭一技之长就能一统排坛的时光已全然不在。于是，一场新的排球革命——全攻全守排球悄然开始。在技战术方面要求运动队和运动员全面发展，不仅要求运动员技、战术打法全面，还要求运动员体能、心理、智力等各方面的全面发展。

2.排球的社会化、商业化、职业化

1984年，墨西哥人阿科斯塔当选为国际排联主席。上任伊始他就郑重宣布，他的目标是把排球发展成世界上最受欢迎的运动项目之一。于是，他领导国际排联对机构本身和排球运动进行了一系列的改革和调整，将排球运动推向了市场。改革赛制、修订规则、配合并利用现代化传播媒介、创办世界男排联赛和女排大奖赛等，把排球运动推到了竞技体坛的高端，取得了巨大的社会效益和经济效益。

意大利在国际排联的倡导下率先走上了职业化道路，大力推行排球职业化和俱乐部制度。科学的理念和运营机制带来了巨大的成功。随后，法国、德国、荷兰等西欧国家的职业排球也获得了巨大发展，中国、韩国、日本、美国、拉美等国家也都先后建立了自己的排球职业联赛。排球运动以其熟练、准确、细腻的技巧性，快速、激烈、反复的对抗性而成为人们喜闻乐见的现代运动项目之一。各大洲各国树立排球为顶尖运动的形象，将排球运动推向了市场。

3."大排球"

竞技排球与娱乐排球并存，高水平职业排球与群众性排球共举，这就是"大排球"的概念。

高水平的竞技排球已在全球范围被广泛热衷和瞩目，但国际排联的目标并不是将排球变成只有少数人"表演"多数人"观赏"的"一条腿"运动项目，排球需要全面的普及和推广。

1981年在巴黎克拉马市举行的一年一度的"一日排球"赛上，275个队、近2500名男女运动员，从早到晚在利用足球场地划定的54个排球场地上进行了1200场角逐。

1986年地中海岛国马耳他创办了一年一度的排球"马拉松"。排球"马拉松"是指参赛队伍间进行连续轮换比赛。特点是拉长比赛赛程，增加比赛场次，满足观战欲望。马耳他排球马拉松从每年8月的第一个周末22点正式开始比赛。1986年连续进行了100个小时，至后的每年比赛：1987年120小时，1988年144小时，1989年170小时，1990年180小时，1991年190小时，1992年195小时，而今已超过了200小时。排球马拉松吸引了全城 85% 的人口前往观战,受到了国际奥委会、国际排联等国际体育组织的祝贺。

为了进一步推动排球运动的发展,1988 年国际排联制定了《世界排球发展计划》,在世界各个地区建立 20 多个排球发展中心。根据不同社会群体和环境条件的需要,不同形式的排球运动应运而生,沙滩排球、软式排球、妈妈排球、气排球、墙排球、小排球、草地排球、立体网排球、反弹排球、公园排球等等,形成了竞技排球和大众娱乐排球互相关联,互相依托,双轨共存的排球文化格局。

排球文化作为映射着人类智慧之光的一切实践过程,揭示了排球具有时代的特征和民族的特性。在排球运动中,地域和民族的不同,人体形态、机能、素质、技战术水平和指导思想的差异,沉积了排球文化的不同社会形态痕迹,形成了不同特色的风格和打法。

二、规则演变下的排球运动现状

(一)排球比赛规则的演变

1. 场地

最初排球比赛场地的大小是不确定的,有 7.6 米×15.1 米;10.6 米×18.2 米;11 米×22 米等,后来参加者均感到场地的不确定使排球比赛不可控的因素太多,1923 年场地面积定为 9 米×18 米。

2. 球

第一代排球为圆周 63.5～68.8 厘米,重量 255～346 克的白色羊皮制排球,为了体现观赏性,减少光线对球的影响,采用三色(黄、白、蓝)组成,现行规则所用的球为二色(黄、蓝),色彩搭配靓丽,有利于接发球队看清来球的旋转和电视转播的清晰。球的圆周为 65～67 厘米,重量为 260～280 克,球体变化不大,但由于表层质量的提高,球的飞行更稳定了,增加了比赛的连续性。球的气压从不确定→0.48～0.52 千克/平方厘米→0.4～0.45 千克/平方厘米→0.30～0.325 千克/平方厘米,气压的降低使球的飞行速度有所减缓,有利于比赛的连续性和观赏性。("→"表示"修改为",下同)

3. 暂停次数

从 3 次/局(每队)、1 分钟/次正常暂停→2 次/局、30 秒/次正常暂停,同时增加了第一局至第 4 局技术暂停,由每局 60 秒×1 次→每局 30 秒×2 次(国内比赛)或 60 秒×2 次(国际比赛),决胜局有 2 次正常暂停(无技术暂停),增加了比赛的对抗性和观赏性,也有利于电视的转播和满足赞助商的需要,同时也体现了现代社会以人为本的体育竞赛精神。

4. 拦网

从允许拦网队员过网拦→本方拦网触球后可再击球 3 次过网→不允许拦发球,使比赛的不间断性提高了。

5.标志杆

从没有标志杆→两杆在网上的距离为9.4米→9米,降低了队员空中击球后落地时的风险性。

6.发球区

从原来端线后的3米→端线后的9米,增加了发球的点、线、面,使发球技术和接发球技术均得到了发展。

7.身体触球

从腰部以上可以触球→膝关节以上可以触球→身体的任何部位均可触球,使防守技术不断提高,防守区域不断扩大,比赛的精彩程度提高。

8.连接

连接的尺度不断放宽,取消了第一次击球时同一个动作的连接(上手传球除外),增强了比赛的连贯性,提高了比赛的激烈程度。

9.持球

从球必须被击出、弹出→不得接住或抛出→球可以向任何方向反弹,而不受动作方向的限制,尺度的放宽有利于攻守的平衡和比赛的连续。

10.记分方法

从每局15分,无最高限分,发球权得分制→每局25分,24平以后,必须领先2分,没有最高限分→每球得分制,使比赛时间有所控制,又增加了比赛的刺激程度,更有利于电视的转播和吸引观众。

11.自由防守队员

从没有后排自由防守队员→每队可以有一名自由防守队员→每队可以同时拥有两名后排自由防守队员,但比赛中场上只能有一名自由防守队员。

12.触网

从队员击球后可以触及网柱、网绳或标志杆以外的其他任何物体,包括球网本身,但不得干扰比赛→队员在击球时触及球网上沿的白帆布带或标志杆高出球网处的80厘米处的行为为触网犯规→在不借助球网进行击球的行为,或不有利于本方击球的触网行为或做出干扰和阻挡对方的合理试图击球的行为,触及白帆布带以下球网的任何部位的行为都为合法行为。

(二)排球规则修改对排球运动的促进作用

排球竞赛规则经过一系列修改以后,比赛的观赏性、商业性逐渐提高,观看比赛的观众日益增多。规则的修改对排球运动的促进作用主要体现在以下几个方面。

1.发球变化

近几年来,不少运动员具有身高高、弹跳力强、爆发力好、力量大和挥臂速度快等优越条件,他们喜欢采用跳起高点大力发球和高点平砍式发球技术,发球点高、力量大、速度快、攻击性强,以达到先发制人、争取主动的目的。这些技术不但男排在用,女排也屡见不鲜,效果明显。

2.拦网变化

随着排球运动员身材的日趋高大,身体素质的不断提高,运动员表现出弹跳力好、爆发力强、滞空时间长,手臂举得高、伸得远,拦网范围大、封阻线路多等特点,网上争夺更激烈。身体素质的提高使得拦网从过去纯属防御的功能变为主动进攻的一种得分手段。

3.垫球变化

近年来随着发球技术和战术的发展,人们对垫球技术提出了更高的要求。无论是垫球的动作方法,还是击球的手法,技术性多样性实用性都在不断发展和完善,使垫球技术向着多样化、合理化、实用化方向发展。如双手垫球、单手垫球、侧卧横滚垫球、鱼跃垫球、顶垫球、挡球等垫球技术被普遍采用,有的队还采用接发球专人、专位包干的办法,使原有的接发球观点有所改变。有些优秀排球队的防守起球率可高达60%,充分体现了防守意识强、手法多、手感好、控制范围大、效果好的特点。规则修改可用脚踢球,这是前所未有的重大修改,其目的是为了更好地防守,使排球比赛攻守趋于平衡,增加来回球,使比赛更精彩,更具观赏性。

4.进攻变化

从20世纪50年代到70年代,世界排球运动是以力量派、速度派、高度派和技巧派的球队争夺,各种打法各有千秋。到了80年代,以中国女排、美国男排为代表的全攻全守型打法占据了国际排坛的领先地位。由于防守的起球成功率提高,组织各种进攻的机会增多,逐渐出现了许多新的技、战术变化,前排进攻、后排强攻、跑动进攻等等,打法由单一的实扣发展成为扣、吊和掩护三重功能。快攻已从前沿推向纵深,做到前后排互相掩护,高快结合,前后结合,使进攻形式变得更为丰富多彩,以避开对方的高拦网,达到克敌制胜的目的。

5.自由防守队员变化

在排球发展过程中,攻强守弱的状态已持续了很长时间,规则对于拦网、身体触球、自由防守队员的修改,大大增强了防守的能力,打破了排球比赛长期以来攻强于守的不平衡状态,攻守趋于平衡,往返球增多,内容与形式更加丰富,比赛更趋激烈精彩。

三、我国排球运动的发展历程

(一)初入国门的排球

20世纪初,作为文化教育的体育,伴随着外来文化入侵我国,美国传教士在传教布道之时把排球(Volleyball)运动带入中国,人们根据Volleyball的译音,把空中飞球称为"华利波"。1905年排球活动首先在广州南武中学和香港皇仁书院倡行,后来通过基督教青年会体育部、留学生、外籍人士等以教学、游戏、训练班及表演等方式传播,陆续传至上海、北京等地。

1911 年在上海举行了我国最早的排球表演赛。

1913 年 5 月,我国首次参加了在菲律宾举行的第一届远东运动会的排球比赛,这是我国参加的有历史记载最早的正式国际排球赛事。

1914 年第二届全国运动会,男子排球被列为正式比赛项目,并将"Volleyball"改称"队球",取成队比赛之意。同年广东一些学校就举行了第一次"Volleyball"比赛。受此系列活动的波及,被誉为排球之乡的台山县城,同年也举行排球比赛,继而"排球之岛"海南的比赛活动相继开展,逐步影响了广东乃至南方沿海一带。

1915 年上海举办了第二届远东运动会,第二次参赛的中国男排就获得了冠军。

1921 年女子排球比赛首次出现在广东省运动会上。

1930 年排球被列为全国运动会正式比赛项目。同年经中华全国体育协会研究,将"队球""掌球"统一取了个形象的中国名字——排球。

我国排球运动也经历了 16 人制→12 人制→9 人制→6 人制的演变过程。排球传入初期,是以 16 人制进行比赛,每队 16 人,分别站成 4 排,每排 4 人,故中国人称此项运动为排球。1919 年改为 12 人制,1925 年改为 9 人制,直至 20 世纪 50 年代中国才开始采用6 人制排球。

(二)6 人制排球的推广和发展

新中国成立后,为了适应国际比赛的需要,1950 年中华全国体育总会第一次介绍了6 人制排球比赛的规则与方法。并在同年 8 月组成了新中国的第一支男子排球队——中国大学生代表队,赴布拉格参加世界大学生第二次代表大会的排球比赛。

1953 年,中国排球协会成立。

1954 年,中国排球协会被国际排球联合会接纳为正式会员。

1956 年 8 月,中国男、女排球队参加了在巴黎举行的男子第三届、女子第二届世界排球锦标赛,男排获得第 9 名,女排获得第 6 名。

1959 年,新中国第一届全运会上,6 人制排球被列为正式比赛项目。

1964 年周恩来总理亲自邀请大松博文教练率日本女排来华访问,并执教训练。贺龙副总理要求学习日本女排刻苦顽强的训练作风,明确指出"从难、从严、从实战出发,坚持大运动量训练"的"三从一大"训练原则。令中国女排得到了较系统的训练方法和明确的发展方针,锻炼了她们的精神意志,奠定了中国排球日后成长和腾飞的基石。

(三)中国排球的辉煌历史

中国排球,不仅令几代人一往情深,它甚至对整个国家民族精神的提升也起着巨大的作用。

1974 年中国女排在第七届世界女排锦标赛中获得第 14 名。及至 1976 年,新的中国女排国家队正式成立,袁伟民成为中国女排主教练。重组后的中国女排,1977 年参加了第二届世界杯赛,获得第四名。1978 年参加世界女排锦标赛,获得第六名。这样的成绩不但没有令中国女排气馁,反而增强了女排成为亚洲盟主的信心。

1979 年 12 月中国男女排球队双双获得亚洲锦标赛冠军,并取得参加奥运会资格。

1981 年 3 月中国男女排球队分别获得世界杯亚洲区预选赛的冠军。同年 11 月中国女排东渡扶桑,参加第三届女排世界杯赛,七战七捷首次荣获世界冠军。

紧接着在世界女排锦标赛、奥运会、女排世界杯赛中相继夺得四次冠军,创造了世界女排大赛中"五连冠"的新纪录,创造了排球史上的一个奇迹。

(四)中国排球艰难守业、重振雄风

20 世纪 80 年代后期开始,队员青黄不接,中国男女排先后陷入了低谷。男排接连失去洛杉矶奥运会、汉城奥运会和世界杯比赛的参赛资格,数届亚锦赛的成绩也不尽如人意。女排自 1988 年兵败汉城后,1992 年奥运会和 1994 年世界锦标赛上又滑至第 7 名和第 8 名,甚至在 1994 年亚运会上输给韩国,失去了亚洲霸主的地位。直到 1996 年亚特兰大奥运会,郎平指挥整体实力并不强的中国女排一举夺取奥运会银牌。

自 2000 年悉尼奥运会,中国女排止步 8 强。

1996 年职业女排联赛起步之后,冯坤、杨昊、赵蕊蕊、周苏红等一大批优秀球员崛起。正是这"黄金一代"的涌现,让中国女排在 21 世纪初迎来了第二个黄金时期。

2003 年中国女排以 11 战全胜的战绩重夺世界杯冠军,一扫 17 年无冠之痒。

2004 年中国女排重登巅峰,夺取阔别 20 年之久的奥运会冠军。

在雅典奥运会之后,中国女排经历了较大的人员变动,几名老队员相继退役。尽管老将纷纷遭遇伤病缠身,但她们从来没有放弃对梦想的追求。

2006 年世界女子排球锦标赛上,获得第五名。

2008 年北京奥运会,女排夺取铜牌,男排名列第五。

2011 年世界杯比赛,女排获得第三名直接晋级伦敦奥运会。

2012 年伦敦奥运会上女排无缘前四。

2014 年世锦赛,郎平率领这支赛前并不被看好的中国女排获得亚军,曾经的"铁榔头"再次成为大家膜拜的英雄,她又一次在队伍低迷的时候出山,只用了一年半时间,将队伍带出了低谷。

2015 年在日本举行的第 12 届世界杯比赛,中国女排获得冠军,这是中国女排的第 8 个世界冠军,也是自 2004 年雅典奥运会之后获得的第一个世界冠军。

2016 年在巴西里约热内卢举行的第 31 届奥运会,中国女排夺冠。

(五)中国大学生排球协会

中国大学生体育协会排球分会直属于中国大学生体育协会,在中国大学生体育协会领导下,负责组织领导全国高等院校排球运动的开展。中国大学生体育协会排球分会成立于 1989 年,现有会员学校 126 所,南京信息工程大学为主席单位。

近年来,中国大学生体育协会排球分会积极推进赛事改革,促进赛事向市场化、商业化转轨,借助商业化运作的中国大学生排球联赛从 2006 年开始推广,社会影响力初步确立并受到市场及企业的关注。从 2013—2014 赛季开始,中国大学生排球联赛分为两个阶段进行:首先于每年的 10 月底 11 月初进行南方赛区和北方赛区比赛,然后两个赛区的前六名参加次年 4 月的总决赛。中国大学生沙滩排球也蓬勃发展,借助地方政府及企业平台推进的中国大学生沙滩排球锦标赛已发展成为国内规模最大、参赛人数最多的沙滩排球赛事。与此同时大学生排球协会非常重视排球运动在大学校园的普及与开展,在努力提高我国大学生排球竞技水平的同时,也大力推进了排球运动在普通大学生中的开展,从 2014 年起每年举行针对普通大学生的中国大学生阳光排球联赛。

中国大学生排球协会在大力提高我国大学生排球竞技水平的同时,积极开展排球教学、科研及对外交流与合作等方面的活动,目前排球协会与东南亚、日本、韩国、俄罗斯、美国、澳大利亚等国家及中国港、澳、台地区的大学生排球组织建立了良好的关系,促进了大学生国际间的排球竞赛交流,有利于发展提高大学生的排球竞技水平。

第三节　排球运动基础知识

一、排球运动比赛方法与特点

1. 比赛方法

排球运动比赛方法是两支人数相等的球队,在长 18 米、宽 9 米、中间由一条中线和球网隔开的两个均等的场地上,在规则允许的范围内,队员以身体任何部位,将球从球网上区击入对方场区的一种集体的、攻防对抗的体育项目。每队场上 6 名队员,分别站在前排和后排。前排三名队员的位置为 4 号位、3 号位和 2 号位;后排三名队员位置为 5 号位、6 号位和 1 号位(图 2-2)。

比赛开始由后排的 1 号位队员在发球区内用一只手或手臂将球击过网,之后每方最多连续击球三次击球过网,不得持球。同一名队员不能连续两次击球,比赛不间断直至球落地、出界或某队犯规。比赛采用每球得分制,发球队胜一球后,该队发球队员继续发球。接发球队胜一球后,该队场上队员按顺时针方向轮转一个位置,由原来的 2 号位队员轮转到 1 号位发球。

胜一球:当一方失误或任何其他犯规时,另一方得一分,并持有发球权。

胜一局:五局三胜制比赛,前四局的比分为 25 分,决胜局为 15 分。三局两胜制的比赛,前两局的比分为 25 分,决胜局为 15 分。先得 25 分或先得 15 分并同时超出对方 2 分的队为胜一局。

4 号位 (前排)	3 号位 (前排)	2 号位 (前排)
5 号位 (后排)	6 号位 (后排)	1 号位 (后排)

图 2-2

胜一场:五局三胜制比赛,胜三局的队胜一场;三局两胜制比赛,胜二局的队胜一场。

2.排球运动特点

排球运动是一项易于开展,不拘泥形式,身体活动很全面的运动项目,其主要特点有以下几方面。

(1)形式的多样性和广泛的群众性

排球运动所需要的场地设备比较简单,可以设在室内,也可设在室外。参加人员可多可少,运动量可大可小。适合不同年龄、不同性别、不同体质、不同训练程度的人。因此具有广泛的群众性。

(2)技术的全面性和高度的技巧性

排球比赛中,场上队员都要进行位置轮转,每个位置都要进行防守与进攻,因此,每个队员都要全面掌握各项攻、防技术。规则规定,比赛中球不能落地,击球三次必须过网,不得持球,一个人不能连续两次击球等,使得击球的时间短促、空间多变。因此排球运动具有技术的全面性和高度的技巧性。

(3)激烈的对抗性和严密的集体性

排球比赛中,双方的攻防转换始终是在激烈的对抗中进行。高水平比赛中,对抗的焦点在网上的扣球与拦网上。在一场比赛中,争夺一分往往需要经过六七个回合的交锋。水平越高的比赛,对抗争夺也越激烈。比赛双方都在利用合法击球机会,通过精心设计和巧妙配合,在瞬间完成激烈的攻防转换和完美的战术组合,体现了严密的集体性。

(4)轻松的娱乐性和高雅的休闲性

排球运动可隔网相争,亦可围圈嬉戏,只要有一片场地,尽可享受排球的乐趣。排球比赛隔网进行,间接对抗,没有身体冲撞,安全儒雅,是人们理想的休闲方式。

二、比赛场地与场区

（一）场地与场区

比赛场地为对称的长方形,包括比赛场区和无障碍区。比赛场区为长 18 米、宽 9 米的长方形。其四周至少有 3 米的无障碍区。从地面垂直向上至少有 7 米的无障碍空间。国际排联世界性正式比赛场地边线外的无障碍区至少宽 5 米,端线外至少宽 8 米,比赛场地上空的无障碍空间至少高 12.5 米。场地地面必须平坦、水平、划一。比赛场地所有界线均为 5 厘米宽,且包括在相应区域面积内。

（二）区与区域

（1）比赛场区:在长 18 米、宽 9 米的长方形场区中,两条长线为边线,两条短线为端线,一条中线把它分为相等的 A、B 两个场区。

（2）前场区、后场区:中线与进攻线之间是前场区,进攻线与端线之间是后场区。

（3）发球区:宽 9 米,位置在端线后,端线后两条边线的延长线,各有一条长 0.15 米,垂直并距离端线 0.2 米的短线。两条短线之间是发球区,延伸到无障碍区的终端。

（4）换人区:两条进攻线的延长线之间,自边线至记录台前的范围是换人区。

（5）后排自由防守队员替换区:后排自由防守队员替换区是无障碍区的一部分,在替补席一侧的进攻线延长线和底线延长线之间。

（6）准备活动区域:国际排联世界性比赛的无障碍区外的球队席远端角落,画有 3 米 × 3 米的准备活动区域。

（7）判罚区域:判罚区域位于控制区域内各端线的延长线后,放有两把椅子。其长宽各为 1 米,线宽 5 厘米,为红色。（各区域详见图 2-3。）

三、比赛器材与设备

（一）球网和网柱

1.球网

球网应为黑色,全长 9.50 米,宽 1 米,架设在中线中心线的垂直面上。球网的标准高度男子为 2.43 米,女子为 2.24 米,少年比赛的网高男子为 2.35 米,女子为 2.15 米。基层或儿童比赛可以根据情况自行确定网高。

2.网柱

网柱应该是两根高 2.55 米的光滑圆柱。固定在边线外 0.5 米至 1 米的地方。

（二）标志带和标志杆

1.标志带

标志带是球网上的两边边界。它是两条宽 0.05 米、长 1 米的白色带子,分别设在球网两端,垂直于边线。

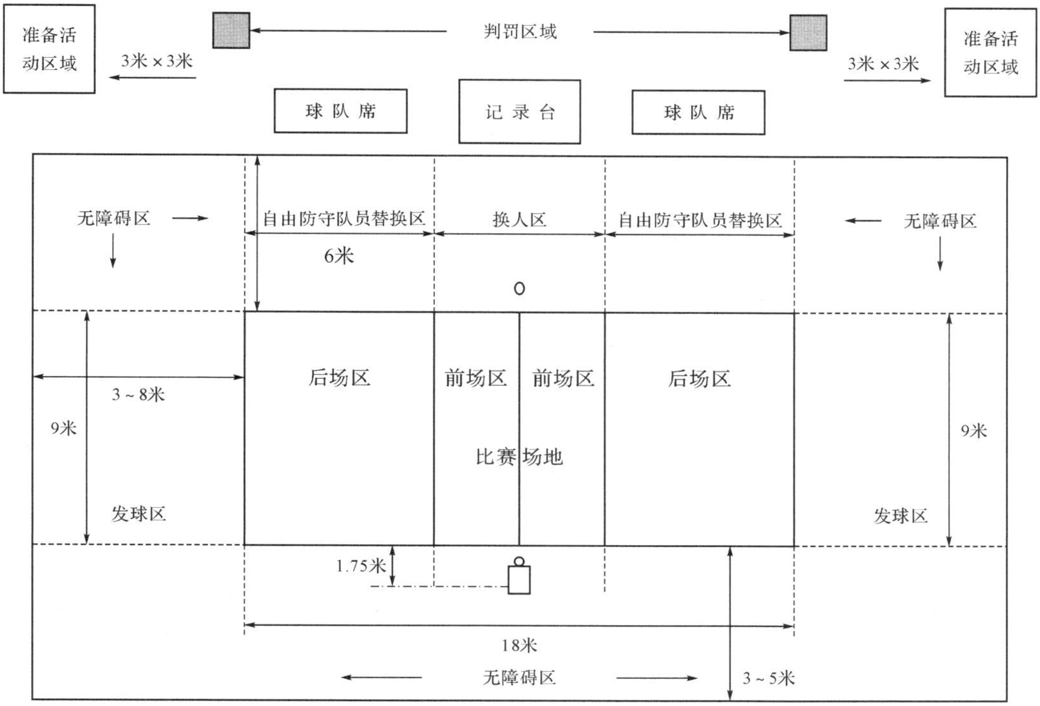

图 2-3 比赛场地与区域

2.标志杆

标志杆是两根有韧性的杆子,长 1.80 米,直径 0.01 米。它们分别设置在标志带外沿球网的不同侧面。标志杆有 0.80 米高于球网上沿,这一部分每隔 0.10 米涂上红白相间的颜色。标志杆及其延长线之间,从网上沿至天花板称为过网区。

标志带和标志杆都被认为是球网的一部分。

(三)球

比赛用球颜色应一致,可以是一色的浅色或多色球。正式比赛采用五球制。一场比赛所用五个球的牌号、圆周、重量、气压必须统一。圆周为 65～67 厘米,重量为 260～280 克,气压 0.30～0.325 千克/平方厘米。

知识拓展

让中国大学生热血沸腾的时刻

1981 年 11 月 16 日晚,中国的高校校园内学生守着收音机,竖起耳朵全神贯注地收听在日本大阪举行的第三届世界杯女子排球冠亚军决赛的直播解说,一些幸运的学生还能三五百人围在老师从家里搬出来的黑白电视机旁,目不转睛地盯着屏幕观看中日之战。场面热烈亢奋,人群中时不时发出高亢激昂的欢呼声,时而又发出感叹惋惜声,人们的情绪完全随着比赛的情境而起伏。经过两个多小时的决战,中国女排姑娘不负众望以 3∶2 战胜日本队,最终以七战七捷荣获世界冠军。当五星红旗在日本大阪市府立体育馆冉冉升起,《义勇军进行曲》在日本的体育馆上空萦绕的时候,中国沸腾了!中国的大学生沸腾了!当晚就有很多学生看完那场比赛彻夜不眠,怀着无比激动的心情,上街游行欢呼中国女排夺得第一个世界冠军。中国女排的第一个世界冠军,对中国民众的影响史无前例,远远超出了体育比赛本身的价值,使得全国人民对我们的国家和社会有了一种信心,有了一种希望。

紧接着中国女排在 1982 年的第九届世界女排锦标赛中又夺冠军。继而在 1984 年的洛杉矶奥运会上再显神威,实现了"三连冠"。此后在 1985 年世界杯,1986 年的世界锦标赛中再次夺冠,创造了世界女子排球"五连冠"的新纪录。

"五连冠"成为中国体育史上的里程碑,中国女排成了振奋民族精神、顽强拼搏、自强不息的象征,在改革开放之初的中国大地上,掀起了学习中国女排拼搏精神的热潮。"女排精神"成为一代甚至几

中国女排第一次获得世界杯冠军时的天安门广场

代人奋发向上的动力,成为一个时代永恒的记忆。鲁光先生著的《中国姑娘》,何慧娴、李仁臣著的《中国女排奋斗记》等,影响着一代青年人。人们记住了中国女排教练员袁伟民和邓若曾;也记住了运动员:陈招娣、陈亚琼、朱玲、梁艳、张洁云、周鹿敏、"铁榔头"郎平、"怪球手"张蓉芳、"场上灵魂"孙晋芳、"天安门城墙"周晓兰、"中国的山口百惠"杨希和"铁姑娘"曹慧英。

国际排球联合会主席阿科斯塔说:"中国女排为排球发展史上谱写了光辉的一页。"中国女排之为人称道,不仅在于她们的精湛技术,更在于她们要为中华民族崛起于世界

体育之林而拼搏的精神。

　　女排的胜利不仅实现了中国排球"冲出亚洲,走向世界"的愿望,而且大大振奋了国人的民族精神。中国女排胸怀祖国,放眼世界,顽强拼搏的精神对整个华夏大地,所有炎黄子孙产生的震动和影响是不可估量的。中国女排的辉煌已经载入史册。30 年来,正是女排的胜利促进了其他体育项目的大发展,也正是女排的胜利使世界再次认识了当代的中国!

学以致用

1. 简述排球运动的发展阶段?
2. 排球规则的修改对排球运动的发展有何促进作用?
3. 现代排球中"大排球"的含义指的是什么?
4. 排球比赛的基本打法。
5. 排球比赛场地和场区怎样划分?
6. 排球场地有哪几条延长线?
7. 一局比赛中的暂停是怎样规定的,决胜局有什么不同?

第三章 排球运动基本技术

对于初学者来说,在学习排球基本技术前必须先了解排球技术的特点、作用与动作方法。通过对本章内容的学习,使学生对排球的发球、垫球、传球、扣球、拦网等基本技术有一个全面的了解,为熟练掌握各项基本技术打下良好的基础。

第一节 排球技术概述

一、排球技术的概念

排球基本技术是指在比赛规则允许的条件下,运用人体解剖和运动生物力学的原理,所采用的各种合理击球动作和为完成击球动作的其他配合动作的总称。它是排球运动的基础和重要组成部分。

排球基本技术主要有步法和手法两部分。步法指脚步移动和起跳,手法指各种击球和控制球的动作。

二、排球技术的分类与特点

(一)排球技术的分类

随着排球技术动作的不断发展、创新和完善,技术动作名目繁多,种类庞杂,怎样进行分类尚无统一的划分标准。本书将其划分为两大类:一类是有球技术,包括传球、垫球、扣球、发球和拦网;另一类是无球技术,包括准备姿势、移动、起跳及各种掩护动作(见图3-1)。无球技术是排球技术中最容易被人们忽视的一项技术,但它是完成各项击球动作的前提和基础,直接影响击球动作的质量。

(二)排球技术的特点

排球运动问世一百多年来,其竞赛规则虽然经过了多次修改,但比赛双方始终围绕

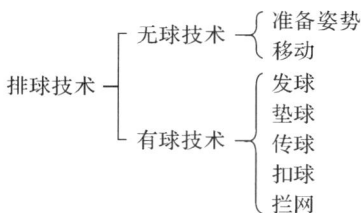

图 3-1　排球技术分类

着使球在对方场区落地,或使对方击球失误的竞技目的展开激烈的争夺,因此也带来了排球运动特有的,也是其他球类运动所不具备的技、战术特点。这些特点主要有以下四点。

1.击球时触球时间短促

击球动作瞬间完成。排球运动问世至今,其竞赛规则始终不允许"持球",即不允许球在击球部位停留的时间过长,这一特点既能提高运动员在短暂的触球时间内对来球的力量、速度、角度等因素的准确判断能力,又能提高运动员把来球准确地击向预定目标的控制能力。

2.各项击球动作都在空中完成

无论是在排球比赛还是在排球游戏中运用的各种击球方式,都必须在空中完成。因此,参加排球运动的人在时间和空间感觉上得到的锻炼和提高是其他球类项目不可比拟的。

3.击球次数的限定

排球竞赛规则规定每方击球过网至多不得超过 3 次,即每一次战术配合过程只能在 3 次击球中完成,这一特点是其他集体球类运动项目所不具备的。因此,排球比赛中的各种巧妙配合无一不体现运动员高度的战术意识、队员之间合作的默契程度和准确程度。

4.身体各部位都能触球

目前所有的球类运动都有其规则限定的身体合法触球部位,唯独排球竞赛规则规定运动员全身任何部位均可触球。因此,排球运动能使参加该项运动的人在击球过程中充分体现自我并展现各种高超的击球技巧。

第二节　准备姿势和移动

准备姿势是指为了便于完成各类技术动作而采取的合理的人体姿势。

移动是指人体起动到制动的过程,目的是为了及时地接近球,调整人与球的位置关系,便于完成击球动作。

一、准备姿势和移动的种类

1.准备姿势

准备姿势按身体重心的高低可分为:半蹲准备姿势、稍蹲准备姿势、低蹲准备姿势三种。

2.移动

移动按步法可分为:并步与滑步移动、跨步移动、交叉步移动、跑步移动、综合步移动等。

二、准备姿势和移动的特点与作用

1.技术特点

准备姿势和移动的动作特点,是整个动作过程要求人体始终保持屈膝、前倾、微动状态。

2.主要作用

准备姿势和移动是排球基本技术之一,它是完成发球、垫球、传球、扣球和拦网技术动作的前提和基础,对各项技术的运用起串联和纽带作用。

准备姿势和移动是相辅相成的,准备姿势是为了有利于起动、移动,使身体动作和心理活动处于良好的"临战"状态;而移动是为了准确、快速地到达最佳击球点。移动的快慢取决于准备姿势的规范程度。

三、准备姿势和移动的动作方法

(一)准备姿势

合理的准备姿势是指既要使身体重心处于相对稳定的状态,又要便于移动和完成各种击球动作,为迅速起动、快速移动及准确击球创造最好的条件。

1.半蹲准备姿势

(1)技术要点:两脚左右开立稍比肩宽,一脚稍前,两脚尖内收,脚跟稍提起。膝关节保持一定的屈曲,两臂放松自然弯曲,双手置于腹前,两眼注视来球,两腿始终保持微动状态(见图3-2)。

(2)主要作用:半蹲准备姿势主要用于后排防守以及各种传球、接发球和拦网等。

2.稍蹲准备姿势

(1)技术要点:稍蹲准备姿势与半蹲准备姿势动作相同,身体重心较半蹲准备姿势稍高,屈膝程度较小(见图3-3)。

(2)主要作用:稍蹲准备姿势一般用于扣球助跑之前,来球速度较慢,弧度较高的传球、垫球等。

图 3-2　半蹲准备姿势　　　　　图 3-3　稍蹲准备姿势　　　　　图 3-4　低蹲准备姿势

3.低蹲准备姿势

(1)技术要点:低蹲准备姿势与半蹲准备姿势动作相同,身体重心更低,更靠前,两脚左右前后的距离更宽,膝部弯曲程度更大一些,肩部投影过膝,膝部投影过脚尖,双手置于胸腹之间(见图 3-4)。

(2)主要作用:低蹲准备姿势主要用于接来球速度快、弧度低、力量大的球和前场保护(接拦回球)以及衔接各种倒地动作的接球。

(二)移动

移动包括起动、移动步法和制动 3 个环节。

1.起动

起动是指移动的开始动作。

技术要点:在准备姿势状态下收腹和上体前(侧)倾,使身体重心前(侧)移。重心降低,脚前(侧)移,使身体失去平衡。向前(侧)抬腿,身体失去平衡而前(侧)倾。起动时的主要动力来源于蹬地腿的肌肉爆发式的收缩。蹬地腿预先拉长的肌肉爆发力越大,起动就越快。

2.移动步法

移动是指脚从起动到制动的过程,移动步法有以下几种。

(1)并步与滑步移动:并步是指短距离的脚步并列移动,滑步是指连续的并步移动(见图 3-5)。

①技术要点:向来球方向跨出一步,另一脚迅速有力蹬地并跟上呈准备姿势。

②主要作用:并步移动主要用于近距离的传、垫球;滑步移动用于稍远距离的传、垫球。

(2)跨步移动:是用后脚或异侧的脚用力蹬地,另一只脚向前方或侧方跨出一大步(见图 3-6)。

①技术要点:跨步后重心前移,膝部弯曲,上体前倾,胸部几乎靠近大腿,后腿伸直。

图 3-5　并步与滑步移动

②主要作用：跨步移动主要用于接体侧或体前弧度低、速度快的来球。

（3）交叉步移动：是指以腿部交叉的方法进行移动的技术动作（见图 3-7）。

①技术要点：如向右交叉步移动时，上体稍向右转，左脚从右脚前向右交叉迈出一大步，然后右脚再向右跨出一大步，同时身体向来球方向成击球前的准备姿势。

②主要作用：垫来球距身体 3 米左右距离的球时，可用交叉步移动。

（4）跑步移动：跑步是指击远距离球的移位动作。

图 3-6　跨步移动

图 3-7　交叉步移动

①技术要点：当来球在侧方或后方时，可采用侧身跑或边转身边跑的方法。当来球是在头后的高球时，可采用后退跑的方法。跑动时重心要平稳，两臂要配合摆动，不要过早做击球动作。跑动到位后，控制身体平衡，成准备姿势。

②主要作用：用于接较远距离的来球。

（5）综合步移动：以上各种步法的综合运用。

3.制动

制动是移动的结束,也是击球动作的开始(见图3-8)。

技术要点:在快速移动后,为了保持稳定的击球姿势,必须经过制动,克服身体移动的惯性,以便完成下一个动作。制动可分为一步制动法和两步制动法。其基本技术要点是制动时,在移动最后跨出一大步,同时降低重心,膝部和脚尖适当内转,全脚掌横向蹬地,以抵住身体重心继续移动的惯性。以腰、腹力量控制上体,使身体重心的垂直线停落在脚的支撑面以内。

图 3-8　制动

第三节　发　球

发球是队员自己抛球后,用一只手将球直接击入对方场区的一种击球方法。

一、发球技术的种类

发球的常用技术有:正面上手发球、侧面下手发球、正面下手发球、勾手发球、大力发球、跳发球等。

发球技术从站位方式来区分有正面发球、侧面发球;从性能来区分有飘球、旋转球;从击球挥臂动作来区分有上手发球、下手发球(见图3-9)。

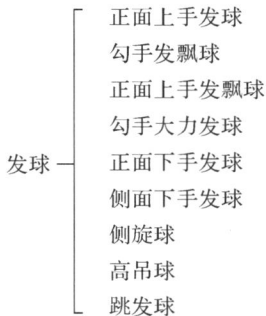

$$
发球
\begin{cases}
正面上手发球 \\
勾手发飘球 \\
正面上手发飘球 \\
勾手大力发球 \\
正面下手发球 \\
侧面下手发球 \\
侧旋球 \\
高吊球 \\
跳发球
\end{cases}
$$

图 3-9　发球技术的种类

二、发球技术的特点与作用

技术特点:发球是排球技术中唯一一项不受他人牵制,独立完成的技术。

主要作用:发球是比赛的开始,也是进攻的开始。有效的发球可以起到先发制人,破坏对方的一攻,给对方造成心理压力,为本方的防守反击创造有利机会。

三、发球技术的动作方法

(一)正面上手发球

正面上手发球要求身体面对球网站立,充分利用蹬地、转体、收腹带动手臂加速挥动,用全手掌击球,手腕迅速主动做推压动作,使球呈上旋飞行的一种发球方法。正面上手发球是目前采用最普遍的一种发球方法。其特点是由于面对球网站立,便于观察对方,容易控制球的落点(见图3-10)。

图 3-10　正面上手发球

1. 准备姿势(均以右手发球为例)

面对球网,两脚自然开立,左脚在前,左手持球于体前。

2. 抛球引臂

左手利用抬臂和手掌的平托,将球平稳地垂直抛于右肩的前上方,高度约40~50厘米。同时,右臂抬起,屈肘后引,肘略高于肩,手掌自然张开,上体稍向右侧转动,抬头、挺胸、展腹,身体重心移至右脚上。

3. 挥臂击球

右脚蹬地重心前移,上体向左转动,同时收腹带动手臂向前上方挥动,在右肩前上方,手臂伸直的最高点,以全手掌击球的后中下部。击球时,手指自然张开吻合球,手腕迅速主动做推压动作,使球呈上旋飞行。

技术动作顺口溜:转体收腹带手臂,弧形鞭打用力量。全掌击球中下部,手腕推压上旋强。

(二)正面下手发球

正面下手发球动作简单,适用于初学者,但球速慢,攻击性不强,是初学者首选的发球方法,尤其是女生可先从学习下手发球开始(见图 3-11)。

图 3-11　正面下手发挥

1.准备姿势

面对球网,两脚前后开立,左脚在前,右脚在后,两膝微屈,上体前倾,左手持球于腹前。

2.抛球

左手将球上抛约 20 厘米高度,至右肩的前下方,在抛球的同时,右臂伸直后摆,身体重心也适当后移。

3.击球

以肩为轴,手臂由后经下方向前摆动,身体重心也随之前移,在右肩的前下方体前腹部高度用全手掌击球的后下方。击球后,随着身体重心前移迅速跨步入场为下一个击球动作做好准备。

(三)侧面下手发球

侧面下手发球是练习者侧对球网站立,转体带动手臂由体侧后下方向前挥动,在体前肩以下的高度击球过网的一种发球方法。侧面下手发球是初学者常用的技术动作,发力时可以借助转体力量带动手臂挥动击球。比较省力,但攻击性不强,适合于女生初学阶段(见图 3-12)。

1.准备姿势

左肩对网,两脚左右开立,约与肩同宽,两膝微屈,上体稍前倾,重心落在两脚之间。

2.抛球引臂

左手将球抛送至胸前一臂之远,离手高约 30～40 厘米,抛球同时右臂摆至右侧后下方。

3.击球

右脚蹬地,身体利用蹬地的力量左转,同时带动右臂向前上方摆动,在腹前掌根或虎

图 3-12　侧面下手发球

口击球的右下方。身体重心随挥臂击球而随之移向左腿。

侧面下手发球顺口溜:蹬地转体带手臂,以肩为轴来摆臂。掌根击球中下部,顺势踏入后场区。

(四)正面上手飘球

正面上手飘球是一种让发出的球不旋转,从而使球的运行轨迹呈不规则地向前飘晃飞行的发球方法。这种发球使对方接发球难以判断球的飞行路线和落点。

1.准备姿势

同正面上手发球动作。

2.抛球

同正面上手发球动作,但抛球高度稍低。

3.挥臂击球

与正面上手发球动作一样,快速挥臂做鞭打动作。但击球前,手臂的挥动轨迹不呈弧形,是从后向前呈直线形运动。击球时五指并拢,手腕稍后仰,用手掌平面或掌根击球的中下部。

(五)勾手飘球

勾手飘球与上手飘球一样,发出的球不旋转,但在空中飘晃不定,给接发球造成较大的困难(见图3-13)。

1.准备姿势

身体侧对球网,两脚自然开立,左手持球于胸前。

2.抛球

左手采用托送方式,将球平稳地抛至左肩前上方约50厘米,同时右臂向右下方摆动,上体顺势向右倾斜和转动,身体重心落在右脚上。

3.挥臂击球

右脚蹬地,上体向左转动,带动手臂摆动挥击,以手掌根的坚硬平面,或半握拳以拇

图 3-13　勾手飘球

指根等部位击球的中下部。

（六）跳发球

跳发球是指发球队员在端线后,利用助跑跳起在空中像扣球似的将球击入对方场区的一种发球方法。它是发球技术和远网扣球技术的结合。跳发球是当前比赛中最有攻击性的发球技术,它的特点是力量大、速度快、弧度平、过网时间短,具有较大威胁。但跳发球技术难度大,需要发球队员具有相当好的弹跳高度、爆发力及正确手法和良好的控制能力才行(见图 3-14)。

1.准备姿势

面对球网,站在离端线 3～4 米处,以右手或双手持球置于体侧或腹前。

2.抛球

用单手或双手将球高抛在右肩前上方,落点在助跑线上,高度和距离要符合个人特点,以跳起最高点击球为准。抛球离手瞬间可加手指手腕动作,使球在空中产生旋转。

3.助跑

抛球的同时向前助跑两步或三步,眼睛注视球、两臂自然在体侧划弧摆动,屈膝蹬地跳起,使身体腾空。

4.挥臂击球

腾空后,加大挺身展腹,使身体成反弓状。右臂屈肘上举,手掌自然张开。当身体在最高点时,以猛烈收腹和提肩带动手臂向前方挥动,在手臂伸直的最高点,用全掌击中球的后中下部,击球点不宜靠前。触球瞬间手掌包满球,并主动屈腕推压,使球快速向前旋转。

图 3-14　跳发球

5.落地

击球后,两膝顺势弯曲尽量使双脚同时落地,缓冲,迅速入场。

第四节　垫　球

垫球是借助蹬地、抬臂动作,用双手前臂插入球的下部,利用来球的反弹力将球击出的技术动作。绝大部分初学者都是从学习垫球技术进入排球领域的,每一个参与者只要学会了发球和垫球,就能打排球比赛。

一、垫球技术的种类

垫球技术按动作方法可分为:正面双手垫球、跨步垫球、体侧垫球、低姿垫球、背垫、单手垫球、前扑垫球、滚翻垫球、鱼跃垫球以及挡球等。初学者要求重点掌握正面双手垫球、侧面双手垫球技术。

二、垫球技术的特点与作用

1.技术特点:垫球技术是排球运动中最容易掌握,运用最广的一项技术。

2.主要作用:垫球技术主要用于接发球、接扣球、接拦回球及各种防守,是组织一攻、反攻的重要环节,有时也代替传球用来组织进攻。

三、垫球技术的动作方法

（一）正面双手垫球

正面双手垫球是双手在腹前垫击来球的一种垫球方法，是各种垫球技术的基础，也是最基本的垫球方法（见图 3-15）。

图 3-15　正面双手垫球

垫球击球的手型主要有三种（见图 3-16）。

抱拳式：双手抱拳互握，两拇指平行向前。

叠掌式：双手掌根靠近，两手手指重叠互握，两拇指平行朝前（最常用）。

互靠式：两手自然放松，腕部靠近，两拇指平行朝前。

图 3-16　垫球手型

1. 准备姿势

稍蹲或半蹲准备姿势，重心稍前移，上体自然前倾，两手置于腰腹前。

2. 击球手型（叠掌式，见图 3-17）

两手手指交叉重叠后，合掌互握，两拇指平行，两手掌根靠紧，或两手腕部靠紧，手自然放松，手腕下压，两臂外翻形成一个平面。

图 3-17　叠掌式手型

3.击球动作

当球飞到腹前一臂距离时,两臂夹紧前伸插入球的后下部,两腿蹬地,抬臂、压腕,配合送腰动作,使身体重心随出球方向前移,控制出球的方向和落点。

4.击球点和击球部位

击球点应尽量保持在腹前一臂距离处,击球部位用腕关节上方 10 厘米左右的两小臂桡骨内侧平面位置(见图 3-18)。

图 3-18　击球部位　　　图 3-19　手臂角度　　　图 3-20　手臂角度

5.手臂角度

垫球时要根据来球的角度和要垫击的方向,运用入射角近似反射角的原理,调整手臂构成的平面与地面所成角的角度,左右转动手臂构成的平面以控制垫球方向。来球弧度低平,而要垫出球的弧度也较平时,手臂与地面夹角应大(见图 3-19);反之,应小(见图 3-20)。

6.垫球用力

垫球力量的大小与来球力量成反比,同时出球的距离和弧度成正比,即,来球力量小、速度较慢时,主要靠手臂上抬的力量来增加球的反弹力;如需垫出距离较远、弧度较高的球,还要靠蹬地、提肩动作的协调配合,抬臂送球动作幅度也要适当增大;垫中等力量球时,迎接动作要小,速度要慢,手臂适当放松,避免弹力过大,主要靠来球本身的反弹力垫击;垫重球时,手臂要随着屈肘后撤,加长受力距离和时间,减少单位时间内球给手臂的力量,以达到缓冲的目的,将球平稳地垫到预定位置。

垫球要领顺口溜:两臂夹紧插球下,提腰送臂腕下压。蹬地提腰前臂垫,轻球重球有变化。

(二)体侧双手垫球

在身体两侧用双臂垫击球的动作称体侧双手垫球(见图3-21)。

1.准备姿势(同上述正面双手垫球)

2.伸臂拦截

以左侧垫球为例。右脚前脚掌内侧蹬地,左脚向左跨出一步,身体重心移至左脚,左膝弯曲,两臂夹紧向左伸出,左臂高于右臂,右肩微向下倾斜。

3.用力垫击

向右转体收腹,配合两臂在身体左侧截住来球,用两前臂击球的后下部。切忌随球向左侧摆臂击球,这样会造成球飞向侧方。

图 3-21 体侧垫球 图 3-22 背垫

(三)背垫

背对出球方向,从身前向背后方向的垫球叫背垫。一般用于一传失控后的调整球或第三次击球的被动进攻(见图3-22)。

1.准备姿势

判断来球的落点、方向,迅速移动到球的落点处。

2.插入球下

背对出球方向,两臂夹紧伸直,插到球下,击球点最好高于肩。

3.用力

击球时抬头挺胸、蹬地、展腹后仰,直臂向后上方摆动击球。在垫低球时,也可利用屈肘、翘腕动作,以虎口处将球向后上方垫起。

（四）跪垫

跪垫适用于来球低而远时使用。

1.准备姿势

低蹲准备姿势,面向来球,向来球方向跨出一步。

2.插入球下

跨出腿膝关节外展,后脚内侧和膝关节内侧着地,以支持身体平衡,上体前倾,塌腰塌肩,屈肘两手臂贴近地面迅速插入球下。

3.用力

用翘腕动作及双手虎口部位将球平稳垫起。

（五）单手垫球

用一只手的前臂内侧、掌根或虎口处垫击球的方法称单手垫球。当来球弧度低、速度快、距离远、来不及用双手垫球时采用单手垫球。单手垫球在接扣球和接拦回球时应用较多。单手垫球的特点是动作快,手臂伸得远,运用灵活,可扩大防守的范围。但由于触球面积小,控制能力比双手差,故在比赛中是双手垫球的弥补。

1.准备姿势

准备姿势动作同正面垫球动作。

2.移动

当来球飞向体侧较远处时,迅速跑步接近球,然后同侧脚跨出一大步,上体向该侧前倾,手臂伸直自侧后方向前上方摆动。

3.击球

用前臂内侧、掌根或虎口处垫击球的后下部。

（六）挡球

用手掌外侧和掌根平面击球的动作叫挡球。挡球技术是垫球技术的重要补充,技术动作可分为双手挡球和单手挡球。当来球高,速度快,力量大,不便于传球和垫球时使用挡球技术。

1.准备姿势

同正面垫球准备姿势。

2.手型

双手挡球的手型有抱拳式和并掌式。

抱拳式的手法是两肘弯屈,一手半握拳,另一手外包,两掌外侧所组成的平面朝前（见图 3-23）。

并掌式的手法是两肘弯屈,两虎口交叉,两掌外侧朝前,合并成勺形的击球面,小臂放松,两肘朝前,手腕后仰(见图 3-24)。

3.击球

以掌根或手掌外侧组成平面挡击球的后中下部。击球点在额前或两侧肩上。挡球瞬间手腕要紧张,用一定的力量将球向上挡起。

图 3-23　抱拳式挡球　　　　　　图 3-24　并掌式挡球

(七)前扑垫球

当来球弧度低、距离远来不及移步垫球时,采用身体前扑伸臂击球,然后用手掌扶地,曲肘支撑,称为前扑垫球。前扑垫球的特点:防守控制范围大,应用广泛易于掌握(见图 3-25)。

1.准备姿势

低蹲准备姿势,上体前倾,利用前脚掌用力蹬地,使身体向前下方来球处伸展扑出。

2.击球

向前伸出双手或单手插入球下,利用提肩、抬臂动作将球垫起。

图 3-25　前扑垫球

3.倒地

击球后,双手在体前着地支撑,两肘缓慢弯曲,以缓冲身体下落力量,同时抬头、挺胸、展腹,以胸腹先着地,切忌有含胸、屈膝的动作,以防着地时受伤。

（八）滚翻垫球

当人体失去重心状态下的垫球之后，为了自我保护而做的身体滚动，称为滚翻垫球。滚翻垫球常用于来球低、球离身体较远时，身体失去重心的状态下用单手或双手击球，再以滚翻动作保护身体不受伤害（见图3-26）。

1.移动

身体向来球方向移动，迎球跨出一大步，重心下降并落在跨出的脚上，上体前倾，胸部贴近大腿，同时两腿蹬地向前用力，使身体向来球方向伸展。

2.击球

前臂直插球下，用双手或单手的手背或虎口在空中由下向上击球的后下部。

3.身体滚动

击球后脚尖内转，大腿外侧、臀部侧面、背部、跨出脚的异侧肩部依次着地，然后顺势低头、收腹、团身做一滚翻动作，并顺势迅速站起，做好下一个动作的准备。

图 3-26　滚翻垫球

（九）脚垫球

脚垫球技术主要用于当来球远而低，变化突然、时间短促，无法用其他的垫球技术垫击时采用，属应急性技术动作。脚垫球主要有脚背垫球和脚内侧垫球两种。

1.准备姿势

以一脚为支撑，另一只脚向来球方向伸出，利用伸大腿、摆小腿的动作，使脚插入球下。

2.击球

（1）脚背垫球。击球时脚背插入球下，利用小腿继续上摆、脚踝上挑的动作，以脚背上部触球的下部（或侧下部）将球垫起（见图3-27）。

（2）脚内侧垫球。击球时脚尖上翘，踝关节紧张，以脚内侧部位垫球。垫球后若身体失去平衡，可采用侧倒坐地或后倒坐地等动作来做自我保护（见图3-28）。

图 3-27　脚背垫球　　　　　　　　图 3-28　脚内侧垫球

第五节　传　球

传球是在胸部及以上部位用双手(或单手)借助蹬地、伸臂动作,通过手腕手指的弹击力量来完成的击球技术动作。

一、传球技术的种类

传球技术种类按传出球的方向,可分为正面传球、侧面传球和背传球。

二、传球技术的特点与作用

(1)技术特点:传球技术是排球技术中最细腻的一项技术,由于手指手腕感应灵敏,触球面积又大,因而容易控制掌握出球的方向。

(2)主要作用:传球技术主要用于二传组织进攻,是比赛中一传与进攻的桥梁,在进攻和反攻中起着串联和纽带作用,同时也是一种防守技术。传球也常常用来接对方的推攻球、吊球和被拦回的高球。此外,传球还可用于二传的吊球和处理第三次球。

三、传球技术的动作方法

(一)正面上手传球

面对出球方向,利用手指手腕的弹击动作将球传至一定目标的击球行为称为正面传球。它是传球技术中最基本的传球方法,因为面对出球方向,容易掌握传球的落点,是掌握和运用其他传球技术的基础。

1.准备姿势

稍蹲准备姿势,当判断来球的落点后,迅速移动接近来球。双手自然抬起,置于脸前。

2. 传球手型

两肘适当分开，两手自然张开成半球状，手腕稍后仰，两拇指相对成"一"字形或"八"字形，两手间有一定距离，拇指、食指相对呈三角形（见图3-29）。

图 3-29　"一"字形手型　　　　　　　图 3-30　击球部位

3. 击球部位

以拇指内侧、食指全部、中指的二、三指关节触球的后下部，无名指和小指在两侧辅助控制出球的方向。击球点在额头前上方约一球距离（见图3-30）。

4. 用力

当判断来球下降至额前上方一臂距离时，蹬地、伸膝、伸臂，两手向前上方迎击球。当手接触来球时，两手肌肉适度紧张，对来球的力量做适度缓冲，然后通过蹬地、伸膝、伸腰、伸肘、伸臂、手指手腕屈伸的用力顺序以及借助球的反弹力将球传出（见图3-31）。

图 3-31　传球的用力

（二）背传球

身体背对出球方向的传球称为背传球。背传球主要用于二传组织进攻（见图3-32）。

1.准备姿势

稍蹲准备姿势,抬头看球,上体保持正直或稍后仰。

2.取位

身体快速移动到球的下方,背对传球目标。

3.迎球

击球点保持在额上方,比正面传球稍高、稍后,上体后仰击球。

4.用力

手腕后仰并适当放松击球的后下部,靠蹬地、展腹、抬臂、伸肘以及手指手腕的弹力,把球向后上方传出。

背传球技术特点:

(1)身体比正面传球时稍后仰。

(2)击球点稍高,手腕稍后仰。

(3)击球时拇指适当用力。

(三)侧传

身体侧对出球目标,并将球向体侧方向传出的传球动作叫侧面传球。侧面传球的准备姿势、迎球、手型、用力与正面传球基本相同(见图 3-33)。不同点是:

(1)身体侧对传球方向,击球点偏向传球目标一侧。

(2)出球方向一侧的手臂低一些,另一侧则稍高。

(3)用力时,上体和手臂向侧面传球方向伸展,传球方向异侧手臂的动作幅度、用力距离和动作速度要大于同侧手。

| 图 3-32 背传球 | 图 3-33 体侧传球 | 图 3-34 跳传 |

（四）跳传

跳传是利用助跑或原地向上垂直起跳，在空中进行单手、双手的传球动作（见图 3-34）。

1. 起跳

跳传应该尽量垂直向上起跳，不宜向前或向侧冲跳。要掌握好起跳时间，起跳过早影响传球的用力，起跳过迟降低了击球高度。起跳时保持好身体平衡，无论是原地起跳、还是助跑起跳，一定要保持跳起后的身体平衡。

2. 迎球

当身体上升到最高点时迎球、传球。这样既可传高球，又可加快传球节奏。

3. 用力

迎球后马上伸臂，靠手腕和手指的弹力将球传出。跳传的传球手型与一般正面传球手型相同。

跳传的技术特点是：

（1）垂直向上跳起。

（2）空中身体要保持平衡。

（3）要在起跳后的最高点击球。

传球技术顺口溜：额前击球较适当，触球手型半球状。蹬地伸臂指腕弹，指腕缓冲控方向。

第六节　扣　球

扣球是队员起跳在空中，用一只手臂作弧形挥动，用手掌将本方场地上空的球，从两标志杆内的球网上空击入对方场区的击球动作。

一、扣球技术的种类

扣球技术按动作方法，可分为正面扣球、单脚起跳扣球和勾手扣球等几种；按扣球的节奏可分为强攻和快球；按扣球起跳的区域可分为前排扣球和后排扣球（见图 3-35）。

二、扣球技术的特点与作用

（1）技术特点：扣球技术是比赛中一攻和反攻战术最积极有效的进攻武器。

（2）主要作用：扣球技术在比赛中占有重要的地位，是排球比赛中得分的主要手段，也是一个队摆脱被动、争取主动的重要途径。扣球的成败，体现着队伍的战术质量和效果，是夺取胜利的关键。

```
                                          ┌ 正面扣球
                     按动作方法 ┤ 勾手扣球
                                          └ 单脚起跳扣球
                                                    ┌ 近体快
                                                    │ 短平快
                                                    │ 背快
                                                    │ 平拉开
                     快球 ┤ 背平快
                                                    │ 调整快
                                                    │ 后排快
                                                    │ 半快球
扣球技术分类 ┤           按扣球节奏 ┤           └ 单脚起跳快球
                                                    ┌ 集中进攻
                                                    │ 拉开进攻
                                                    │ 近网进攻
                     强攻 ┤ 远网进攻
                                                    │ 调整球进攻
                                                    └ 围绕进攻
                     按区域分 ┤ 前排扣球
                                          └ 后排扣球
```

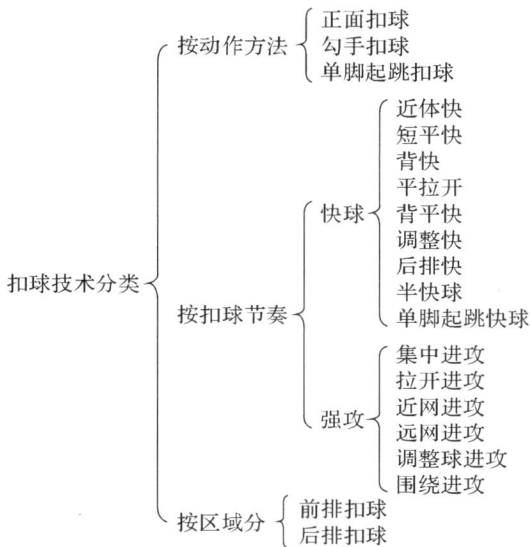

图 3-35　扣球技术分类

三、扣球技术的动作方法

（一）正面扣球

面对球网进行助跑、起跳、空中击球的扣球动作称为正面扣球。正面扣球是最基本的扣球方法。其他扣球技术都是在此基础上发展和派生出来的（见图 3-36）。

1.准备姿势

扣球助跑前采用稍蹲准备姿势，上体稍前倾，两臂自然下垂，站在距网 3 米处，观察判断，做好向各个方向助跑起跳的准备。

2.助跑

助跑步法有一步、两步、多步。以两步助跑起跳右手扣球为例。左脚先向前迈出一步，接着右脚再迅速跨出一大步，同时两臂绕体侧向后引，左脚随即跟上落在右脚侧前方，脚跟着地滚动到脚尖，脚尖稍内扣，两脚间距与肩同宽，身体重心随之下降，两膝弯曲，准备起跳。

3.起跳

助跑最后一步（即第二步），左脚并右脚踏地的同时，两臂自后迅速向前摆动，随后双脚踏地向上跳起，两臂快速上摆，配合起跳。

4.空中击球

起跳后，挺胸展腹，上体稍向右转，右臂向后上方抬起，肘高于肩，身体成反弓形。挥

55

图 3-36　正面扣球

臂时,迅速转体、收腹发力,依次带动肩、肘、腕各部位关节向前上方成弧形呈鞭甩动作挥动。击球时,五指微张成勺形并保持适度紧张,以掌心为主,全掌包满球,在手臂伸直最高点的前上方,击球的后中上部,同时主动用力屈腕屈指向前推压向下甩臂,使扣出的球呈上旋。

5.落地

空中完成击球动作后,身体自然下落,为了避免腿部负担过重,落地时应尽可能用前脚掌先着地再过渡到全脚掌着地,同时顺势屈膝、收腹以缓冲下落的力量,落地后立即做好下一个动作的准备。

(二)扣快球

快球是扣球队员在二传队员传球前或传球的同时起跳,并迅速把二传队员传来的低弧度球和平弧度球击入对方场区的一种扣球方法。快球可分为:近体快、背快、短平快、背平快、平拉开、调整快、后排快和单脚快等。快球的特点是:速度快,时间短,突然性强。可以造成出其不意的进攻效果,牵制对方拦网,掩护其他队员进攻(见图 3-37)。

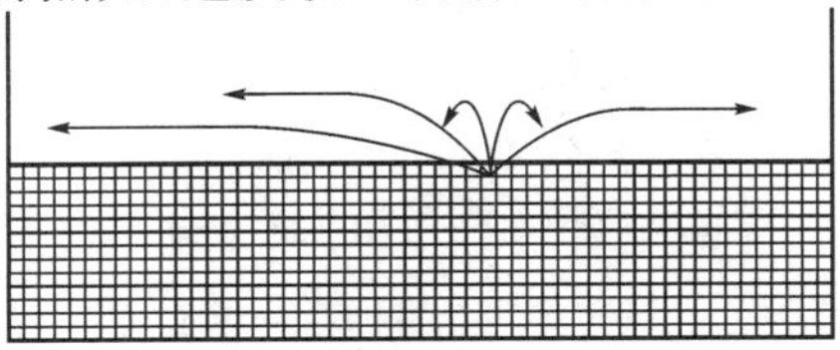

所有快球的技术动作与正面扣球的动作是一样的,所不同的是助跑的节奏和挥臂的速度更快一些。以下着重介绍各种快球技术的特点。

图 3-37　快球

1.扣近体快球

扣球队员在二传体前或体侧约 50 厘米左右处扣出的球,称为近体快球。

技术特点:

助跑:与球网保持约 45°～60°的夹角。根据一传的高低和助跑的距离来决定助跑的时机,节奏感强而且快。

起跳:当二传传球时,扣球者在二传体前近网处快速起跳。

空中击球:起跳后利用快速收腹,带动前臂和手腕,将刚刚传出网口的球,以全手掌击球的后中上部,快速击球过网。

2.扣平拉开球

扣球队员在 4 号位标志杆附近扣二传从 2 号位或 3 号位传来的快速平快球,称为扣平拉开球。

技术特点:

助跑:在二传队员传球前,进攻队员就要开始进行外绕,待二传传球出手后,扣球队员在标志杆附近起跳,截击来球。

3.扣背快球

扣球队员在二传背后约 50 厘米处扣的快球,称为背快球。

技术特点:

助跑:扣球队员要根据一传的位置并跟随球的速度助跑到网前。

起跳击球:当二传背传时,扣球者在其身后快速起跳,跳起后快速挥臂将网口上的球扣过网。要注意扣球时的位置与角度,以转体为主。

4.扣短平快球

扣球队员在二传体前约两米左右处起跳,扣二传队员传过来的高速平快球,称短平快球。

技术特点:

助跑:扣短平快球的助跑一般采用外绕或小于 45 度角助跑,根据一传的高低和二传的位置,调整好助跑的线路,找准起跳点。

起跳:在二传传球的同时快速起跳并挥臂带动手腕,用全手掌截击平飞过来的球。

5.扣背平快球

扣球队员在二传背后约两米左右处,扣背传过来的快速平快球,为背平快球(又称背溜)。

技术特点:

助跑:背溜快球的助跑要根据一传的高低来决定助跑速度。

起跳:当二传传球时,进攻队员在二传背后约两米处快速起跳挥臂截击平飞过来的球。

扣球技术顺口溜:腰腹发力要领先,协调挥臂如挥鞭。击球保持最高点,满掌击球要上旋。

第七节 拦 网

拦网是队员靠近球网将手伸向高于球网处阻挡对方来球的行动。

一、拦网技术的种类

根据参与拦网人数的不同,可分为单人拦网与集体拦网。

二、拦网技术的特点与作用

1. 技术特点:拦网是防守的第一道防线,也是反攻的重要环节。

2. 主要作用:有效的拦网,可以直接拦死、拦回对方的扣球,以减轻本方后排的防守压力,为反击创造有利条件。同时也可以削弱对方进攻的锐气,给对方进攻手造成心理威胁。

三、拦网技术的动作方法

(一)单人拦网

1. 准备姿势

队员面对球网,两脚左右开立约与肩宽,重心落在两脚之间,距网约 30～40 厘米,两腿微屈,两臂屈肘置于胸前。随时准备起跳或移动(见图 3-38)。

2. 移动

根据对方的扣球起跳点进行及时移动,步法有并步、交叉步、跑步等,制动时两脚尖要转向网,同时手臂摆动帮助起跳。

3. 起跳

起跳时两膝弯曲,重心降低,随即两脚用力蹬地。两臂以肩发力,以大臂为半径,在体侧屈臂划小弧用力上摆带动身体迅速垂直向上起跳,两臂上举。

4. 空中击球

手臂动作:两手从额前平行球网向网上沿前上方伸出,两肩尽量上提,两臂伸直并保持平行,尽力伸向对方上空并接近球。

图 3-38 单人挂网

5.击球手型

拦截时，五指自然张开稍紧张，当手触球时两手要突然紧张包住球，主动下压，把球拦到对方场区。

在2、4号位拦网时，外侧手应稍转向场内，以防对方打手出界，造成拦网失误。

6.落地

拦网后要做含胸动作，以保持身体平衡。同时，屈膝缓冲，双脚落地。如已将球拦回，则可面对对方。如未能拦到球，则在下落时要随球转头，并将转头方向相反的一只脚先横过来落地，随即转身面向后场，准备接应来球或做下一个动作的准备。

（二）集体拦网

双人拦网技术特点：

双人拦网是集体拦网的主要形式，它是由前排两个相邻的队员同时起跳所组成的拦网。主要由2、3号位或3、4号位队员组成。根据对方不同的进攻位置，其具体分工也不同。拦对方4号位拉开球时，本方应以2号位队员为主卡位，3号位队员移动至2号位队员附近组成2、3号位双人拦网。当拦对方3号位进攻时，以本方3号位队员为主，2号位或4号位队员移动并网，形成2、3号位或3、4号位组成的双人拦网。拦对方2号位进攻也以同样的方法，只是位置不同（见图3-39）。

图3-39 集体拦网

三人拦网技术特点：

三人拦网，多在对方高点强攻的情况下运用。在组成三人拦网时，不论对方从哪个位置进攻，都应以本方3号位队员为主拦者，两边队员主动配合，同时起跳组成三人拦网。

知识拓展

郎平的排球缘

1973年4月里的一个周末,这是郎平值得记忆的一个日子。北京工人体育场业余体校排球班的老师来学校挑选队员。已升入小学六年级的郎平,因身高而被选中去参加测试,这消息使她的心头掠过一阵喜悦。

星期天,风和日丽。郎平和几个同学结伴来到了体校,这里聚集了许多前来测试的学生。实测内容有弹跳摸高、快速跑等项目。郎平真希望自己能够测试合格,这对她来说是一件非常快活的事情。经过严格的测试和选拔,身高1.69米的郎平果然榜上有名。从这一天起,排球闯进了她的生活,与她结下了不解之缘。1974年初,刚刚从北京东光路小学毕业的郎平,伴着纷纷扬扬的雪花,来到了北京朝阳中学(现北京陈经纶中学),她参加了排球队。同年的秋季,郎平被选进了北京市第二体育运动学校,成了排球培训班的专业队员。北京市第二体育运动学校是专门为高一级体育专业队培养和输送人才的学校。郎平出色地完成了基础训练的重要课程。在身体恢复正常、技术日趋娴熟的同时,她的性格也更加开朗,意志也更加坚强,思想也更加成熟了。处在豆蔻年华时期的郎平,凭着自己始终不渝的韧劲儿,经过顽强的努力,终于成了群芳之冠,以最佳的人选进入了她日思夜想的北京队。从此,她向着顶峰开始了新的攀登。

主要成绩及荣誉:

1978年入选国家集训队,同年获第八届亚洲运动会女排比赛银牌。

1979年与队员合作,获第二届亚洲女子排球锦标赛冠军。

1981年获得第三届世界杯女排赛冠军,个人获"优秀运动员奖"。

1982年获第九届世界女排锦标赛冠军、第九届亚运会女排比赛金牌。

1984年获第二十三届洛杉矶奥运会女排比赛冠军。

1985年获第四届世界杯女排赛冠军,并获"优秀运动员奖"和"最佳运动员奖"。

1989年郎平带领意大利摩迪那俱乐部女子排球队获意大利杯赛冠军。

1990 年回到国家队,带领中国女子排球队获第十一届世界女排锦标赛亚军。

1995 年开始执教中国女排,同年率队获得女排世界杯第三名。

1996 年率领中国女排夺得亚特兰大奥运会银牌。

1997 年率国家队获第九届亚洲女排锦标赛冠军。

1999 年开始郎平远赴意大利执教,同样取得了辉煌的成绩。率意大利摩迪那女子排球队在 2000 年获意大利女排联赛冠军;2001 年夺得欧洲女排冠军联赛冠军;2002 年再夺得意大利联赛和杯赛双料冠军。2002—2003 赛季开始郎平转执教意大利诺瓦腊俱乐部,率领诺瓦腊女排夺得意大利超级杯和 2004 年意大利联赛冠军。

2005 年郎平出任美国女排主教练,成为国际排坛少有的率领两支队伍参加过奥运会比赛的女性主教练,她把一支青黄不接的三流球队培养成为在 2008 年北京奥运会勇夺亚军的世界强队。

2013 年 4 月 25 日,郎平重掌中国女排帅印。

2014 年 10 月,郎平率领中国女排获得 2014 女排世锦赛亚军。

2015 年 9 月,朗平率领中国女排夺得十二届女排世界杯冠军。

2016 年 8 月里约热内卢奥运会,郎平率领中国妇女排获得冠军。

学以致用

1. 准备姿势和移动对完成各种击球技术有何意义?

2. 垫球技术的基本动作要求有哪些?

3. 正面上手发球和正面上手发飘球有哪些异同点?

4. 正面上手传球的手型及击球点有哪些要求?

5. 为什么说排球比赛中扣球最能展示个人魅力?

6. 拦网在比赛中的地位如何?有没有四人拦网?为什么?

第四章　排球运动基本战术

![应知导航图标] **应知导航**

　　当掌握了一定的排球技术之后,就可以进行隔网对抗了,把传、垫、扣、拦等技术串联起来形成各种战术打法,把个人技术融入集体配合中,形成多变的进攻战术和积极有效的防反战术。本章着重介绍了个人战术技巧与集体战术配合的方法以及战术阵形。通过对本章的学习,使参与者深层次地了解排球战术的基本打法,解读排球运动所带来的无穷乐趣。

第一节　排球战术概况

一、排球战术的概念

　　排球战术是指运动员在比赛中,根据排球竞赛规则和排球运动规律、比赛双方的具体情况和临场变化,合理运用个人技术与集体配合所采用的有意识、有目的、有组织的个人和集体的配合行动。由于规则所限每人只能一次击球,因此集体配合在比赛中占有非常重要的地位和作用,只有在同伴的配合下才能发挥个人的技术特长,没有同伴的配合,再高超的技术也无从发挥。

二、排球战术的分类

　　排球按战术人数分类,可分为个人战术和集体战术两大类(见图4-1)。

　　排球按战术运用分类,可分为接发球及其进攻(一攻);接扣球及其进攻(防反);接拦回球及其进攻(保攻);接传、垫球及其进攻(推攻)等4种相应的战术体系(见图4-2)。

　　(一)个人战术

　　是指在集体战术配合的基础上,队员根据个人的特点和战术的需要,巧妙地运用个人技术的变化,以达到有效的进攻和防守的目的。个人战术又可分为发球战术、一传战

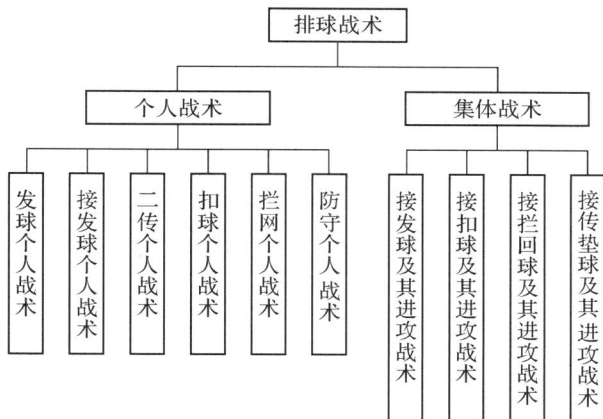

图 4-1　排球战术分类

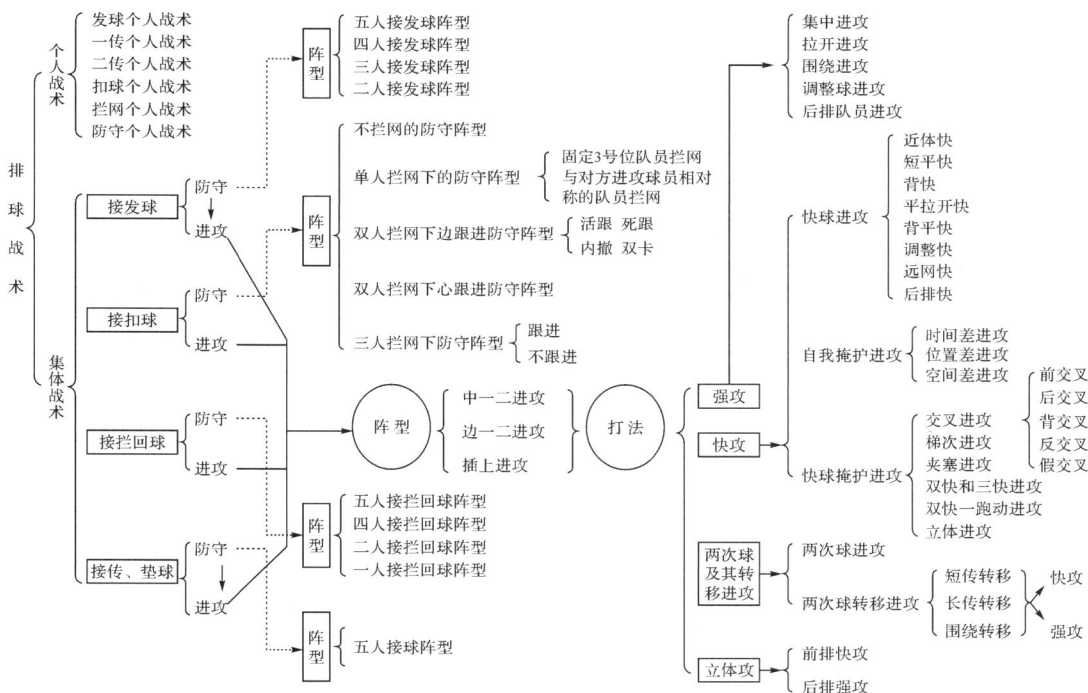

图 4-2　排球战术运用分类

（摘自孙国民：《排球运动》,高等教育出版社 2010 年第二版。）

术、二传战术、扣球战术、拦网战术及防守战术等。

（二）集体战术

是指在比赛中，为了突破对方防守或抑制对方进攻，灵活地运用合理的攻防技术，按照一定的形式，采取的有目的、有组织、有针对性的集体配合行动。

两者的关系：个人战术是集体战术的组成部分，而集体战术是个人战术的综合体现，两者相辅相成、互相促进、互相制约。

三、阵容配备

阵容配备是指比赛时场上人员的搭配。阵容配备的目的是合理地把全队的力量搭配好，有针对性地安排出场人员，有效地发挥每一个队员的特长和作用，发挥出最大的团队力量。比赛中常用的阵容配备有以下三种：

"四二"配备：即场上两个二传手、四个攻手（其中两个主攻手、两个副攻手），分别站在对角线的位置上（见图4-3）。

特点："四二"配备，保证了前排每一轮都有一个二传队员、两个进攻队员，便于组成基本的进攻战术。这种配备形式在一般水平的比赛队伍中采用较多。

"五一"配备：即场上一个二传队员、五个进攻队员（其中一人为接应二传），通常情况下，接应二传在2号位的进攻能力特别强，技术比较全面，场上主要的任务是以进攻为主（见图4-4）。

特点："五一"配备，攻手与二传之间配合比较默契，有利于组织战术，特别是插上三点进攻时，更有利于组织2、3号位的进攻，但对二传的跑位传球能力要求比较高，这种配备形式在高水平的比赛队伍中采用较多。

"三三"配备：即场上由三名进攻队员和三名二传队员组成。站位方式一名进攻队员间隔一名二传队员（见图4-5）。

特点："三三"配备，使每一轮次都能保证有二传有攻手，这种配备形式适用于初学者和水平较低的球队。

二传		
攻手		攻手
	二传	
攻手		攻手

图4-3 "四二"配备

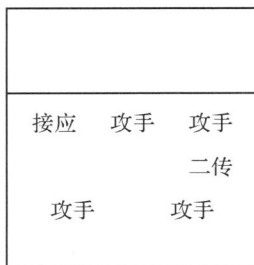

二传		
接应	攻手	攻手
	二传	
攻手		攻手

图4-4 "五一"配备

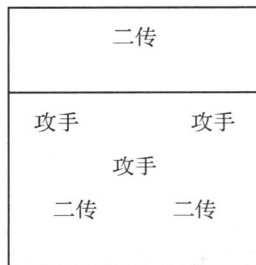

二传		
攻手		攻手
	攻手	
二传		二传

图4-5 "三三"配备

四、位置交换

为了最大限度地发挥每个人的特长，调动一切积极因素，加强攻防力量，同时，弥补由于队员身体、技术发展的不平衡所带来的阵容配备上的某些缺陷，比赛中在规则允许的条件下可以采用交换位置的方法组织战术。

（一）位置交换的几种情况

1.前排队员之间的换位

（1）为了便于组织进攻，把二传队员换到2号位或3号位。

（2）为了加强进攻力量，把进攻实力强的队员换到便于扣球的位置上。主攻队员换到4号位，左手扣球的队员换到2号位，擅长打快球的队员换到3号位。

（3）为了加强拦网，把弹跳好的队员换到3号位或与对方强攻手相对应的位置。

2.后排队员之间的换位

（1）为了便于运用行进间的二传插上战术，把后排的二传换到1号位防守。

（2）为了实施后排进攻，把进攻能力强的队员换到6号位，缩短与二传的距离，便于组织立体进攻。

3.前后排队员之间的换位

"五一"配备阵型中，当二传队员轮转到后排时需要二传从后排插上组织进攻。接发球时，二传从1号位、5号位或6号位接发球队员身后插上，跑动到前排2号位或3号位组织进攻。防守反击时，二传队员要随时从1号位跑到前排2号位或3号位组织进攻。

（二）位置交换应注意的问题

（1）换位前按规则的要求正确站位，待发球队员击球后迅速换到预定位置，以便准备下一个动作。

（2）接发球时，应集中注意力将一传接好，然后进行快速换位。

（3）本方发球时，换位队员应面向对方场区，以便及时观察对方的动态。

（4）防守队员换位时，要根据球的飞行路线及时做出判断并快速移动。

（5）换位后当该球成"死球"时，应立即返回各自的原位，做好下次接发球或进攻的准备。

五、自由防守队员战术

"自由防守队员"的设置，是国际排球联合会在1998年正式实施的一项新规则，这是有利于防守战术的一项新规定。自由防守队员的设立就是为了加强防守，改变以往攻守不平衡的状态，增加排球比赛每个球的回合数，使比赛更加精彩。合理地选配自由防守队员，灵活地运用自由防守队员，已成为一个队在比赛中成功运用战术的重要组成部分。《2013—2016排球竞赛规则》规定每个比赛队可以有2名自由防守队员。

（一）自由防守队员的规则限定

（1）每支球队有权在队员名单中指定1～2名自由防守队员。自由防守队员必须在比赛前登记在记录表规定的位置上。

（2）比赛期间，自由防守队员必须在"死球"之后与裁判员鸣哨发球之前进行，任何时候场上只能有1名自由防守队员。

（3）自由防守队员的服装颜色（主体）（或为新任命自由防守队员准备的背心）不能与其他队员服装颜色有任何的相同。自由防守队员要着与其他队员制式一致的号码。国际排联世界性正式比赛，新指定的自由防守队员如果可能应与原自由防守队员服装一致，但应着自己的号码。

（4）自由防守队员不能担任队长和场上队长。

（5）自由防守队员可以替换在后排的任何一名队员。

（6）自由防守队员替换不受规则所规定的每局6人次换人限定。替换不记入该队的换人次数之内。但两次替换之间，必须有一个完整的比赛过程（一个处罚造成自由防守队员轮转到4号位或场上自由防守队员受伤造成的不完整过程除外）。场上自由防守队员可以由原场上队员替换，也可以由第二自由防守队员替换。

（7）替换的进出只能在后排防守队员替换区进行。

（8）不合法的后排自由防守队员的替换，按轮转错误判罚。

（9）自由防守队员作为特殊的后排队员，不可以在任何的位置上（包括场区和无障碍区）对整个球体高于球网的球完成进攻性击球。

（10）自由防守队员不可以发球、拦网和有拦网试图。

（11）如果自由防守队员在本队的前场区（或延长区）运用了上手传球，则不允许其同伴在高于球网处完成对该球的进攻性击球。但他/她在其他区的传球无碍。

（12）如果自由防守队员被判罚出场或取消比赛资格，他/她可以被第二自由防守队员替换。如果该队只有1名自由防守队员，则有权指定新的自由防守队员。

（二）自由防守队员个人战术的实战运用

（1）掌握防守技术中的滚翻、前扑、鱼跃等技术动作。

（2）判断准确，移动到位，保证一传的高到位率。

（3）防守顽强拼搏，起球率高，以漂亮的防守增加全队取胜信心。

（4）在比赛中为一攻和反攻创造机会，为得分创造条件。

第二节　排球运动个人战术

个人战术是指在集体战术配合的基础上，队员根据个人的特点和战术的需要，巧妙地运用个人所掌握的绝技,以达到有效的进攻和防守的目的。成功的个人战术,可以弥补集体战术的不足。因此,学习和掌握排球的基本技术是运用个人战术的前提,也是熟练掌握和运用排球战术的基础。本节分别对排球个人战术中的发球、接发球、二传、扣球、拦网及防守等个人战术在练习和比赛中的运用作一介绍。

一、发球个人战术

发球技术不受对方和同伴的制约,发球者可以根据对方场上的站位情况和自己发球的技术特点,灵活运用发球技术。因此,发球时要树立以我为主的观念。在观察和分析对方的具体情况后,有针对性地采用不同的发球战术,以取得先发制人的效果。想要达到雷霆之击,频频得分之效果,必须注意以下几点。

(一)发球战术的个人能力

(1)根据临场双方比分的增长情况,采用不同的战术。一般在比分领先较多时,可采用攻击性发球,以扩大战果。当比赛处于关键时刻,特别是在关键比分时,提高发球的准确性和稳定性,不做无谓失分。

(2)看清对方接发球站位阵型、轮次特点及可能运用的进攻战术,控制发球的落点,采用找人、找点战术,以打乱对方进攻的节奏。

(3)发球时排除不良心理因素的影响,坚定信心,达到预期的发球目的。

(4)发球时必须做到五固定:站位距离固定;抛球动作固定;挥臂轨迹固定;击球手型固定;击球部位固定。

(5)每次发球都要做到抛球稳、击球狠、落点准。

(二)发球战术的实战运用

1.发球找人

(1)把球发给对方接发球技术差的队员。

(2)把球发给接发球连续失误而表现紧张、急躁的队员。

(3)把球发给技术发挥不好而情绪明显低落、士气不高的队员。

(4)把球发给刚换上场的队员。

(5)把球发给进攻力强的队员。

2.发球找区

(1)把球发到对方两个队员之间的空当处。

(2)把球发到进攻线前面的 2 号或 4 号位区。

(3)把球发到端线附近或两侧边线死角。

3.改变发球的性能

(1)改变发球的速度:采用击球点高、距网近、速度快的飘球技术;也可采用高弧度、慢速度的发球方法,利用速度的变化造成对方接发球的不适应。

（2）改变发球的位置：调节发球站位与端线的距离，采用近、中、远距离发球。

（3）结合飘球、跳发球，破坏对方的接发球节奏。

二、接发球个人战术

接发球个人战术的基本任务是：在接对方发球时，为了组织本队的第一次进攻战术而采用有目的、有意识的击球动作。接发球的稳定是打好一攻战术的前提。要做到起止有方，必须注意以下几点。

（一）接发球战术的个人能力

（1）判断落点，待球下落时，将手臂插入球下将球垫起。

（2）移动后保持好人与球的关系，尽可能采用正面垫击（面对出球方向）。

（3）协调用力是控制接发球力度的关键，迎球要及时，用力要适度，蹬送要明显，摆臂不宜过大。

（4）手臂角度要随来球而变化。来球弧度高，手臂与地面夹角应小些。来球弧度低平，手臂与地面夹角应大些。

（5）当来球速度快、力量大、旋转力强时，接发球采用半蹲或低蹲姿势，对准来球后手臂不动，让球自己弹起。如发球落点低时，可采用翘腕垫球。

（二）接发球战术的实战运用

（1）组织快攻战术时，一传的弧度要低平，速度稍快，以加快进攻的节奏。

（2）前排队员一传时，垫球力量不宜太大，弧度应稍高，如果来球力量不大，可用上手传球。

（3）发现对方场区有较大的空当或对方队员无准备时，一传可直接用传、垫、挡等动作把球击向对方。

三、二传个人战术

二传个人战术的基本任务是有效组织进攻战术，给扣球队员创造有利的进攻条件，突破对方拦网。二传个人战术在以下几个方面体现。

（一）二传战术的个人能力

（1）二传首先要培养自己良好的性格和气质，学会沟通，建立果断、镇定的品格。

（2）二传不仅要掌握正面传球，还要掌握背传、侧传、跳传等传球技术。

（3）经常参与比赛，提高二传技术的个人战术意识与实战运用能力。

（二）二传战术的实战运用

（1）根据本方进攻队员的特点和战术布局进行合理分球。如采用集中与拉开，近网、中网或远网，不同弧度的传球战术。

（2）根据对方拦网部署合理组织进攻点，创造以多打少的局面。

(3)当比赛进入关键时刻,要充分发挥本方主要进攻得分点的作用。

(4)根据对方防守队员的站位,突然将球直接传入或吊入对方场区空当。

四、扣球个人战术

扣球是战术配合中最后一个环节。扣球的成败,体现着队伍的战术质量和效果,是夺取胜利的关键。因此,扣球战术的运用,就是在比赛中根据对方拦网和防守情况,选择合理的扣球技术和路线,更有效地突破对方的防御,达到得分的目的。要让你的扣球能凌空直下,直落对方场区,必须注意以下几点。

(一)扣球战术的个人能力

(1)提高个人专项素质能力,特别是弹跳、速度、爆发力,是扣球技术的基础。

(2)在练习中,学习和掌握各种跑动扣球,掌握扣球个人绝技,善于变化线路。

(3)在练习中提高与二传配合的熟练程度。

(4)在拦网情况下练习个人的进攻能力。

(二)扣球战术的实战运用

(1)运用转体、转腕的扣球技术,突然改变扣球方向避开对方拦网。

(2)运用超手高点扣球技术,从拦网者双手上方进行突破进攻。

(3)利用突然的两次进攻,造成空网或一对一进攻的有利局面。

(4)采用直线与斜线、长线与短线相结合的扣球技术。

(5)高点平打,或有意向拦网者两侧打手出界。

(6)强攻突破或重扣轻吊相结合。

(7)队员之间利用"时间差"、"位置差"、"空间差"晃开对方拦网。

五、拦网个人战术

拦网个人战术是拦网队员根据对方扣球的情况,利用时间、空间等变化因素,采用不同手法,达到阻挡对方进攻的目的。发挥具有强大威力的拦网技术,必须注意以下几点。

(一)拦网战术的个人能力

(1)做好观察与判断,掌握准确的起跳时间。

(2)拦网前不要轻易暴露阻拦意图。

(3)拦网一刹那间要注意手型,并控制好节奏。

(二)拦网战术的实战运用

(1)灵活地运用直跳拦斜线或斜跳拦直线,迷惑进攻队员,提高拦网效果。

(2)要善于观察进攻队员的跑动路线、助跑方向、起跳时间以及起跳后人与球的关系、空中挥臂动作、扣球手法等,以改变拦网手型及起跳位置进行拦网。

(3)起跳前学会判断对方二传的方向、弧度、速度和落点,及时取位起跳。

(4)集体拦网时,要注意相互间的配合,减少因起跳时间、位置及拦网手型不一致所造成的漏洞。

(5)拦网时手臂要前伸贴近球,加大阻拦面积,提高拦网成功率。

六、防守个人战术

防守个人战术是队员在防守时,选择最有利的位置,并采用合理的击球动作,按战术要求把球防起。防守个人战术主要应注意以下几点。

(一)防守战术的个人能力

(1)防守应及早判断,卡好位,根据不同的来球,采用不同的击球方法。

(2)接快球时,重心要低,采用上挡下垫的技术动作。

(3)接强攻球时,防守取位从后往前移,注意手臂的缓冲力量。

(二)防守战术的实战运用

(1)根据对方二传的传球方向和扣球落点,正对来球进行防守。

(2)根据对方进攻队员的特点,采取相应的防守动作。对方只打不吊,取位要靠后,打打吊吊,取位要灵活。

(3)选择防守位置时要注意,根据对方二传队员传球的位置和扣球队员击球点的高低进行取位。对方扣近网球,本方无拦网时,防守取位前移。对方扣远网球或扣球线路被拦住,防守取位靠后。左右取位要根据对方扣球队员的跑动路线以及起跳后球与人的位置来进行取位。

(4)根据本方拦网队员的情况,主动选择防守位置加以配合和弥补。

第三节　排球运动集体战术

集体战术是指运动员在比赛中,为了突破对方防守或抑制对方进攻,按照一定的形式,采取的有目的、有组织、有针对性的集体配合行动。集体战术可分为集体进攻战术和集体防守战术两种。

一、集体进攻战术

集体进攻战术是指在接对方发过来、扣过来、拦过来和传、垫过来的球后,全队所采用的有目的、有组织的配合进攻行为。进攻战术可分为进攻战术阵型和进攻战术打法两方面。

(一)进攻战术阵型

进攻战术阵型即进攻时所采取的队形。它是以场上二传队员的位置和攻手的分布来区别的。共有三种基本阵型。（①表示队员站位位置；△表示二传站位；★表示教练站立；┈┈表示队员跑动方向；╱╲表示球的飞行路线。）

1."中一二"进攻阵型

站位方法：由 3 号位在网前做二传，把球传给 2 号位或 4 号位队员进攻的组织形式（见图 4-6）。

有利因素：二传站在 3 号位，一传容易到位，有利于组织进攻，是初学者的首选。

不利因素：只有 2、4 号位两个进攻点，战术意图易被对方识破，进攻战术比较单一。

2."边一二"进攻阵型

站位方法：由 2 号位队员站在网前做二传，将球传给 3、4 号位队员进攻的组织形式（见图 4-7）。

有利因素：扣球者根据来球方向扣球比较顺手，3、4 号位两个进攻队员可以相互掩护，相互配合，以构成较多的战术变化。

不利因素：一传向 2 号位垫球距离比较长，不易到位。一传在 4 号位附近时，二传较难组织进攻。

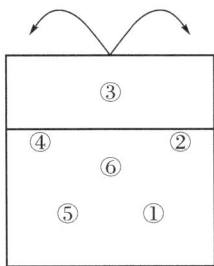

图 4-6 "中一"进攻站位   图 4-7 "边一二"进攻阵型

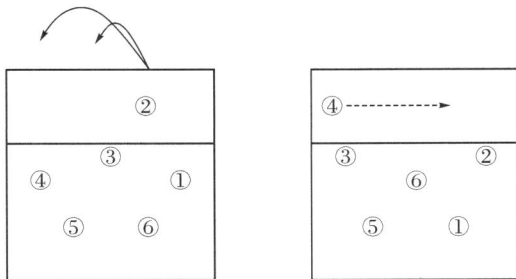

3."插上"进攻阵型

二传队员由后排插上到前排做二传，把球传给前排 4、3、2 号位队员进攻的组织形式（见图 4-8）。

（1）插上的位置。

根据后排队员插上时起动的位置不同，可分为 1 号位插上、6 号位插上和 5 号位插上。

有利因素：可充分利用网的全长，保证前排 3 点进攻，战术配合点多而活，可以利用球网的全长牵制对方的拦网配合。

不利因素：一传难度增加，对插上的二传队员要求较高，尤其二传在 5 号位插上时比较困难。

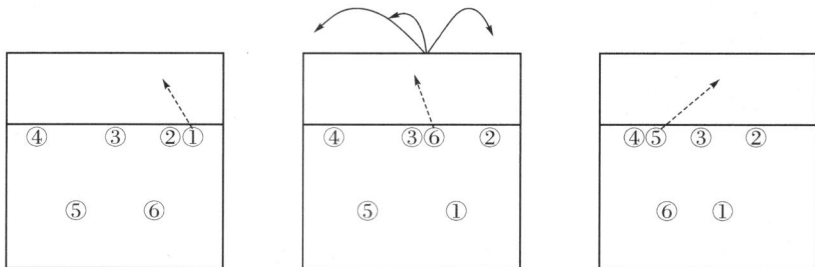

图 4-8　后排插上站位阵型

（2）"插上"时应注意的问题。

①接发球时，后排队员在插上过程中不要影响其他队员接球，应从接发球队员的右侧插上。

②插上时，在不影响其他队员接球的情况下，以最短的距离、最快的速度插上，可以采用 4 人接发球的站位阵型。

③插上队员要掌握好插上时机，一攻时太早跑动容易犯规，反攻时插上太慢又不易组织好进攻。

④插上进攻时，前排必须有三名进攻队员，否则插上没有意义。

（二）进攻战术打法

进攻打法是指二传队员与扣球队员之间所组成的各种进攻配合，包括强攻、快攻和两次球进攻 3 种基本打法。每一种打法又可以组成不同的战术配合，这些配合都是在"中一二"、"边一二"和"插上"这 3 种进攻阵型中具体运用。下面介绍常用进攻打法，学生可以根据实际水平，选取几例简单实用的打法进行练习。

1. 强攻战术

强攻是指在无同伴掩护或在对方有准备拦、防的情况下，凭借个人力量、高度和技巧强行突破的进攻。根据二传所传球位置的不同，可分为集中进攻、拉开进攻、调整进攻和后排进攻。

（1）集中进攻：进攻队员在 4 号位或 2 号位扣二传队员传到落点较靠近 3 号位、不拉开的高球进攻。这种打法由于难度小，便于扣球队员助跑和挥臂击球。适合初学者和较低水平运动队运用。不足之处，进攻点过于集中，便于对方拦网、防守（见图 4-9）。

注意的问题：二传球不宜过高或过低，一般高度在网口上 1.5～2 米左右。

（2）拉开进攻：二传队员将球传到标志杆附近进攻的打法为拉开进攻。拉开进攻可以扩大攻击面，有利线路变化及打手出界。球的高度一般超过网口 1～1.5 米左右，以牵制对方组成有效的集体拦网（见图 4-10）。

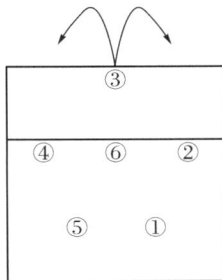

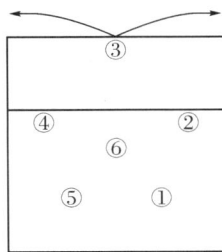

图 4-9　集中进攻　　　　　　　　图 4-10　拉开进攻

注意的问题:进攻队员应及时撤至边线外侧,斜线助跑。

(3)围绕进攻:进攻队员绕过二传队员扣其传出的高球。围绕跑动换位的目的是发挥自己的扣球特长,避开对方拦网的有效区域或扣球后有利于自然换位(见图 4-11)。

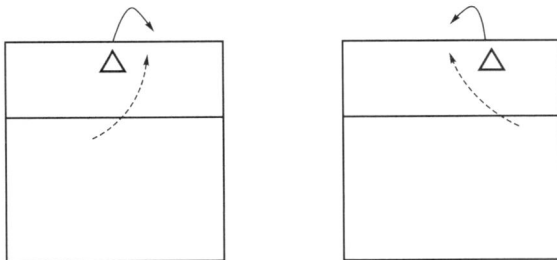

图 4-11　围绕进攻

(4)调整进攻:当接发球或防起的球不到位,落点离网较远时,由二传队员或其他队员把球调整到网前进行强攻的打法称之为调整进攻(见图 4-12)。

(5)后排进攻:后排队员在进攻线后起跳扣球的打法称之为后排进攻。由于击球点离网较远,使得过网面加宽,给对方的拦网造成较大的困难,比赛中的效果是显而易见的(见图 4-13)。

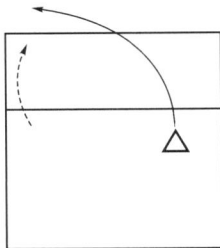

图 4-12　调整进攻　　　　　　　　图 4-13　后排进攻

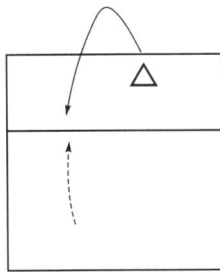

2.快攻战术

快攻战术是指由平快球掩护下所组成的各种战术配合。可分为平快球进攻、自我掩护进攻、快球掩护进攻三类。

(1)平快球进攻:近体快、短平快、背快、平拉开、背溜、调整快、远网快、单脚起跳快等。(进攻方法见第三章第六节扣快球)

(2)自我掩护进攻:时间差、位置差、空间差。

自我掩护进攻是扣球队员利用自己打各种快球的假动作来掩护自己的第二个实扣进攻,称为自我掩护进攻。

"时间差":进攻队员先以快球进攻佯跳吸引对方拦网起跳,然后实扣半高球。利用对方队员拦网起跳的误差达到突破拦网目的的打法,称为"时间差"。

"位置差":进攻队员先以快球进攻佯跳对方拦网起跳,然后突然向侧方跨跳一步跳起扣杀。由于进攻队员扣球位置的差异,从而造成了对方拦网位置的差异,以达到空档进攻的目的,称为"位置差"(见图4-14)。

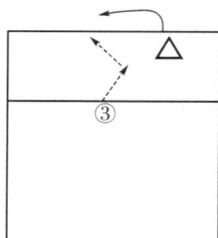

短平快位置差　　　　　近体快位置差　　　　　前飞空间差

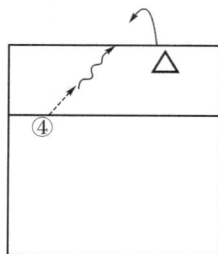

图 4-14　　　　　　　　　　　　　　　　图 4-15

"空间差":也称空中移位进攻。助跑起跳后,利用身体在空中移动的幅度迷惑和避开对方的拦网,达到空档进攻的目的,称为"空间差"(见图4-15)。

(3)快球掩护进攻

利用各种快球作掩护吸引对方拦网,然后给其他队员创造进攻条件,使其在单人拦网或无人拦网的情况下进行进攻。这种打法称为快球掩护进攻。主要有交叉进攻、夹塞进攻、梯次进攻和前、后排双快立体进攻等。

交叉进攻又分为前交叉、后交叉和背交叉三种方式(见图4-16)。

(4)立体进攻

立体攻是一种前排与后排、快攻与强攻、时间与空间上多方位的组合进攻。它吸取了各种打法的优点,使前后排融为一体、进攻点增多、进攻范围扩大,处处创造以多打少的优势(见图4-17)。

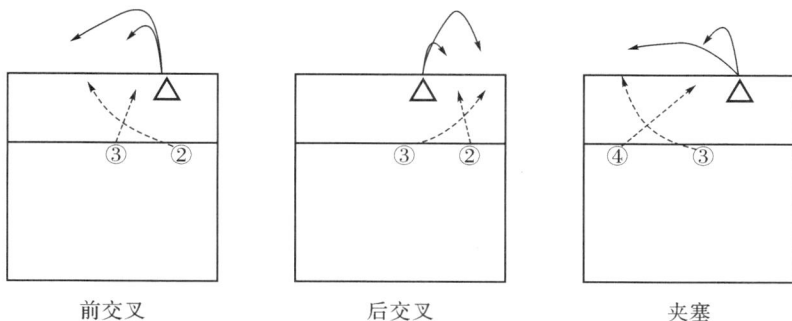

前交叉　　　　　　　　　后交叉　　　　　　　　　夹塞

图 4-16　快球掩护交叉进攻

后排进攻在整个立体进攻中占有极其重要的位置,在一定程度上决定着立体进攻的主攻方向,它是当今世界强队不可缺少的进攻打法之一。

组织快攻战术,主要靠二传队员与扣球队员之间的密切配合。二传队员要了解扣球队员的特点,还要根据扣球队员的上步情况,主动配合传球。扣球队员也应根据一传的情况及二传的特点,主动加以配合。

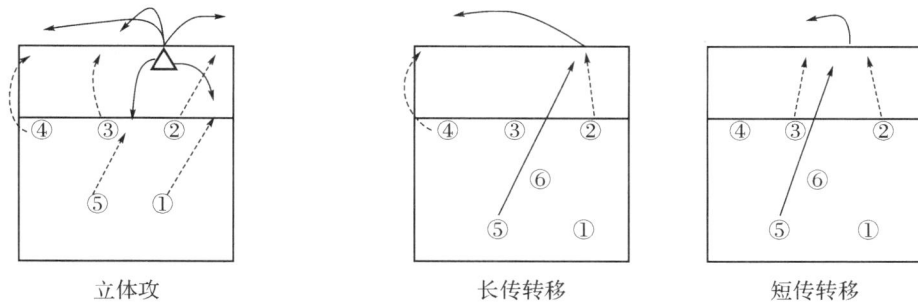

立体攻　　　　　　　　　　　　长传转移　　　　　　　　　短传转移

图 4-17　　　　　　　　　　图 4-18　两次攻或转移进攻

3.两次球进攻战术

两次攻指一传来球较高,落点在网前适合扣球位置时,前排队员跳起直接扣球或攻击性吊球。如遇拦网,可在空中将球传给其他前排队员进攻(见图 4-18)。

二、集体防守战术

排球的防守战术是组织进攻或反攻战术的基础,一切防守战术都是为进攻或反攻创造条件,没有严密的防守,进攻就无从组织。防守战术包括接发球防守战术;接扣球防守战术;接拦回球防守战术;接传、垫球防守战术;攻防转换战术。

(一)接发球防守战术

当对方发球时,本方接发球处于防守地位,也是组织第一次进攻的开始。站位要合理,不仅要考虑有利于本方的接发球及本方的进攻,同时也要考虑到对方的发球特点,通常情况下采用 5 人接发球或 4 人接发球。

1.5 人接发球站位阵型

场上除 1 名二传队员站在网前或从后排插上准备组织进攻不参与接发球外,其余 5 名队员都负担一传任务。5 人接发球站位,适合接发球水平不太好的初学人员。站位方式有两种,"W"形或"M"形站位。

(1)"W"站位阵型,也称"一三二"站位。5 名队员分布均衡,前面 3 名队员接前场区的球,后排 2 名队员接后场区的球,职责分明(见图 4-19)。

有利因素:每人接一传的范围相对较小,并在接发球时已经站成了基本的进攻阵型,组成战术比较方便。

不利因素:队员之间的"结合部"增多,对队员间的配合要求较高。

(2)"M"站位阵型,也称"一二一二"站位,其优点是队员分布更加均匀,分工明确,前排 2 名队员接前场区球,中间队员负责接中区的球,后面 2 名队员接后区球(见图 4-20)。

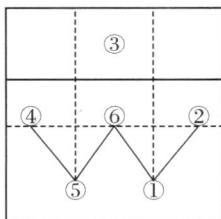

图 4-19 "W"站位阵型　　　图 4-20 "M"站位阵型

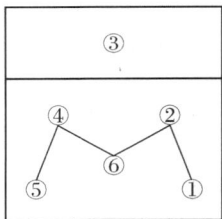

有利因素:这种站位对接落点分散、来球高、速度慢以及对靠近边线或角上的球较为有利。

不利因素:这种站位不利于接对方发到场地两腰及后区的球。

2.4 人接发球站位阵型

插上的二传队员与同列的前排队员均站在网前不接球,其他 4 人站成浅盆形(图 4-21)。

有利因素:便于后排插上队员和不参与接发球的前排队员及时换位。

不利因素:4 个接发球队员必须有较高的判断、移动能力和较好的接发球技术。

3.接发球的基本要求

(1)合理取位

5 人接发球的基本位置是前 3 后 2,前排两侧队员应站在距中线 4 米,距边线大约 1 米处,后排队员以前排队员为准,取前排队员二人之间的位置,避免重叠和影响视线,距端线大约 3 米为宜。此外还要根据对方发球的性能、特点,随时调整位置。

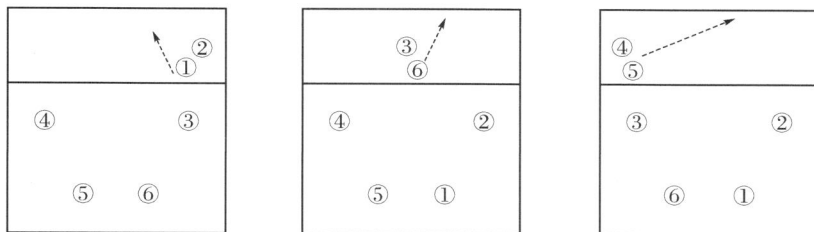

图 4-21　四人接发球（浅盆形站位）

4 人接发球常用的站位方式是浅盆形，但浅盆形的站位方式会形成中场空区较大，不利于接前场区的轻球和擦网球，2、4 号位要注意前场区的轻球和擦网球。

（2）明确范围

接发球时，每个接发球队员都应该明确自己的控制范围，做到分工明确，既不互争互抢，也不互让，特别重视二人之间的"中间地带"和三人之间的"三角地带"。

（3）互相弥补

不接发球的队员应随时注意弥补同伴的一传。尤其是当后排队员接球时，前排队员应转身注视接球队员，随时准备快速移动调整没有接到位的球。

（二）接扣球防守战术

接扣球的防守与组织反攻是密不可分的，只有防守成功才能组织富有成效的反攻。接扣球防守战术是前排拦网与后排防守的整体配合，防守阵型应根据对方的进攻情况、本方的拦网布置以及本方防守反攻的打法来确定。一般可分为不拦网防守战术、单人拦网防守战术、双人拦网防守战术和三人拦网防守战术。

1. 不拦网防守阵型

在对方进攻较弱，没有必要进行拦网时，可以采用不拦网的防守阵型，适合初学者比赛演练。其防守阵型与 5 人接发球阵型相似，并根据对方不同的进攻位置，进行适当的变动（见图 4-22）。

（1）防对方 2、4 号位进攻阵型

在原 5 人接发球阵型的基础上，前排队员后撤到进攻线后，准备防守和防守后反攻；后排队员后退准备防后场区球；二传队员留在网前，准备接吊到网前的球和组织进攻。

（2）防对方 3 号位进攻阵型

防对方 3 号位扣球时，2、4 号位卡腰并注意吊球。

2. 单人拦网下的防守阵型

单人拦网下的防守阵型，一般在对方进攻威力不大，路线变化不多，或因受对方战术迷惑，来不及组织集体拦网时与对方扣球队员相对应位置的队员进行拦网的防守阵型。适用于初级水平的比赛。

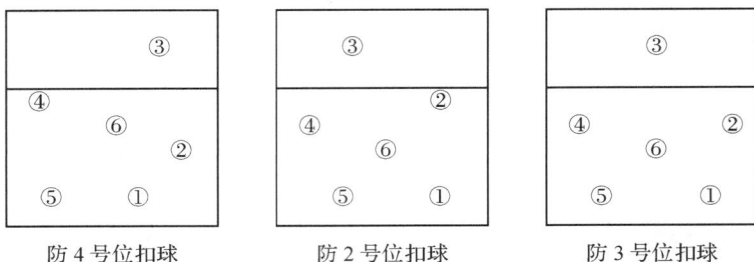

图 4-22　不拦网防守阵型

（1）与对方扣球队员相对应位置拦网的防守阵型

对方 4 号位进攻，由本方 2 号位队员拦网，3 号位队员后撤防吊球，4 号位队员后撤至进攻线附近防守，与后排三人组成半弧形防守圈，每人防一区域（见图 4-23）。

对方 3 号位队员进攻，本方 3 号位队员拦网时，6 号位队员向前移动防吊，其他队员负责各自的防守区域（见图 4-24）。

拦对方 2 号位进攻时，拦网站位方式与拦 4 号位一样，方向相反。

（2）固定 3 号位队员拦网的防守阵型

对方进攻队员从任何位置进攻，均由 3 号位队员拦网。2、4 号位队员后撤与后排 3 人共同组成防守阵型（见图 4-25）。

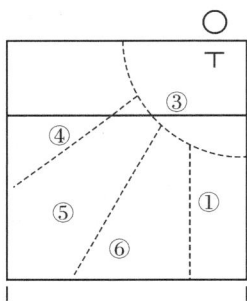

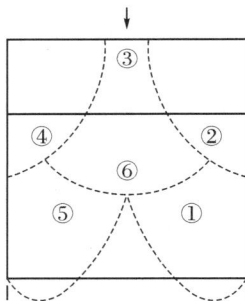

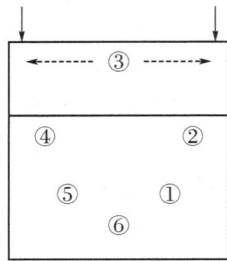

图 4-23　2 号位单人拦网防守图　　图 4-24　拦 3 号位单人拦网防守图　　图 4-25　3 号位单人拦网防守图

3. 双人拦网下的防守阵型

当对方进攻的威力较大、路线变化较多时，单人拦网不足以阻挡对方的进攻，此时应采用双人拦网防守阵型。双人拦网主要由前排 3 名队员中的 2 名队员所组成。3 号位又是组成双人拦网的关键队员。双人拦网下，防守阵型主要有两种："心跟进"防守阵型和"边跟进"防守阵型。

（1）拦 4 号位扣球（"心跟进"）防守阵型

这种防守阵型也称"6 号位跟进"防守阵型。在对方扣球队员采用打吊结合，本方拦网能力强,能封住后场中区,6号位或某个队员又善于防吊球时,就可采用"心跟进"防守阵型。其特点是加强了前排的防守,有利于防吊球和拦网弹起的球。但由于后场只有两人防守,空隙较大,后场中央和两腰容易造成空档。卡位方法,当对方4号位进攻时,由本方2、3号位队员拦网,不拦网的4号位队员后撤至距中线4米左右防守,6号位队员跟至进攻线附近,1、5号位队员在后场防守,每个位置负责一定的区域(见图4-26)。

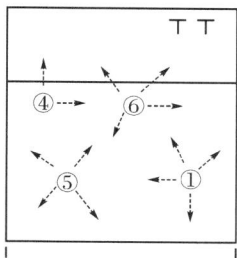 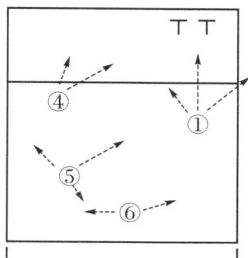

图4-26　双人拦网"心跟进"　　　　图4-27　双人拦网"边跟进"

(2)拦2、4号位扣球("边跟进")防守阵型

这种防守阵型也称"马蹄型"或"1、5号位跟进"。在对方进攻较强、吊球较少时采用。其主要有"活跟、死跟、内撤、双卡"等阵型变化(见图4-27)。

活跟:对方在4号(或2号)位扣球线路变化多,而且打吊结合的情况下,应采用活跟,由1号(或5号)位队员灵活掌握,拦对方4号位进攻,本方2、3号位拦网,1号位队员跟进,6号位队员就要向跟进队员的防守区域一侧移动补位(见图4-28)。

死跟:在对方扣直线球少、吊球多或本方拦网能完全拦住直线球时,靠边线后排队员跟进防吊球。例如对方在4号(或2号)位扣球,本方1号(或5号)位队员就可以坚决跟进,以防吊球为主,兼顾防打手出界的球。6号位队员就要迅速向跟进队员的防守区域一侧移动补位(见图4-29)。

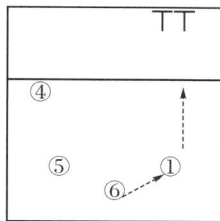 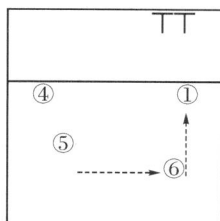 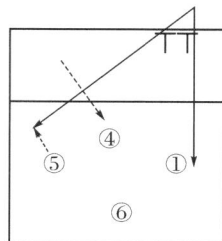

图4-28　活跟　　　　图4-29　死跟　　　　图4-30　内撤

内撤:对方在4号(或2号)位扣直线球多,并经常吊心时,本方4号(或2号)位队员可内撤到中场空心区域,重点防吊球,5号(或1号)位队员主要补防小斜线附近的球(见

图 4-30)。

（3）拦对方 3 号位进攻防守阵型

方法一：本方 3、4 号位队员拦网，5 号位队员前移防心，其他队员成马蹄型防守阵型。方法二：本方 2、3 号位队员拦网，1 号位队员前移防心，其他队员成马蹄型防守阵型。负责防心的队员可以根据球的情况采取"活跟"和"死跟"两种方法，其他队员根据两种方法采取不同阵型。

4.三人拦网下的防守阵型

三人拦网常见于高水平的比赛中，在对方进攻点突出，本方队员移动快、判断准确时采用。三人拦网战术，无论拦对方 2 号位、3 号位还是 4 号位的扣球，因为增加了网上力量，后排防守的空隙也相对增大，特别是后排 6 号位防守的两边移动范围就会加大。不足之处是不利于组织 2 号位、4 号位拉开的反攻球。

（1）3 人拦 4 号位进攻：1 号位队员前移防心，6 号位队员防直线，5 号位队员防斜线。

（2）3 人拦 3 号位进攻：6 号位队员前移防心，1、5 号位防二条腰线的球（见图 4-31）。

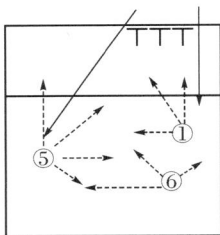

图 4-31　3 人拦 4 号位进攻　　　　图 4-32　3 人拦 3 号位进攻

（三）接拦回球的防守战术

排球比赛中，网上的争夺异常激烈，在本方扣球时必须加强保护。接起被拦回球，并继续组织进攻，是取得比赛胜利的有效保证。由于拦网队员可以将手伸过网拦球，拦回的球通常速度快、角度小。因而接拦回球的保护阵型应形成多道防线的弧线形状，且第一道防线紧跟在扣球人身后。以本方 4 号位队员进攻，其他 5 名队员保护为例，有三种保护阵型，即"三二"阵型、"二二一"阵型、"二三"阵型（见图 4-33）。其他位置进攻时保护的站位也可变用这三种阵型。

（四）接对方传、垫球防守阵型

当对方无法组织有利的进攻，被迫用传、垫球击入本方时，本方的防守阵型与 5 人接发球防守阵型相同。前排除二传队员外，其他队员都迅速后撤准备接球组织进攻。

这种情况在初学者比赛中出现较多，在防守时应注意以下几点：

（1）思想上要高度重视。来球虽然是对方失去强有力的进攻机会下过网的，但对方

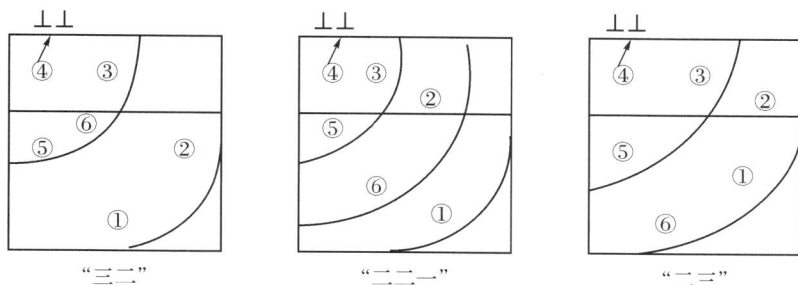

"三二"　　　　　　　"二二一"　　　　　　　"二三"

图 4-33

队员仍可利用各种手段给本方造成困难,如采用上手平推过网,有经验的队员找空当、垫高球或将球传至网前给二传队员使其无法组织进攻等。所以每个位置的队员注意力要高度集中,做好防各种来球的准备,做到有备无患。

(2)保持正确的防守阵型。当确定对方无法进攻时,及时调整防守阵型,尤其是前排队员,除二传队员外应迅速从拦网位置后撤,参与防守。

(3)由于来球力量小、速度慢,队员在接球时,应及时移动到位,尽可能采用正面垫击或用上手传球技术,提高一传的到位率。

(五)攻防转换

在排球比赛中,攻与防是密切联系、相互转换、连贯进行的。这不仅是由于排球技术本身具有攻与防的双重含义,还由于全攻全守、攻防兼备是当前排球运动的发展趋势。在进攻与防守的转换中,如果准备不充分,动作不连贯,一味进攻,不注意保护和防守,或是只重防守,不能迅速转入反攻,都可能贻误战机,导致失败。因而在进攻的时候准备防守,在防守的时候想到进攻,才能有备无患,立于主动。

(1)由进攻转入防守:当球扣入对方区域后,进攻的一方应立即转入防守状态。当球扣过网或二传不慎传过网后,前排队员应迅速靠网前站位,准备拦网,后排队员上前保护。后排队员扣球后也应迅速退守原位,准备防守。其阵型一般有"3、1、2"站法(图 4-34)和"3、2、1"站法(见图 4-35)两种。前者适合于"心跟进",后者适合于"边跟进"防守阵型。

(2)由防守转入进攻:当对方扣球过网后,防守一方在防守的一刹那就转入了进攻。这时后排队员在防来球时,必须根据本方所采用的进攻战术,有目的地将球防起到预定目标,并立即跟进保护前排队员进攻。前排参加拦网的队员,在完成拦网动作后,必须立即转身或后撤,准备接应或反攻扣球。前排未参加拦网的队员,在后撤防守之后,转入接应或反攻扣球。

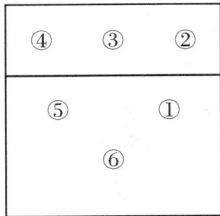

图 4-34   图 4-35

知识拓展

国际排球联合会

1947 年在法国巴黎召开了有 17 个国家排协代表参加的大会,正式成立国际排球联合会(FIVB)。总部设在瑞士洛桑,法国人鲍尔·利伯被选为首任主席,任职到 1984 年;而后墨西哥人阿科斯塔当选为国际排联主席,任职到 2008 年;中国体育界声望最高的元老之一魏纪中接替在位 24 年的原主席阿科斯塔,成为国际排联新一任掌门——现有会员协会 220 个。

学以致用

1. 阵容配备有哪几种,各自有什么特点?

2. 简述个人战术与集体战术的关系。

3. 简述进攻阵型的种类及特点。

4. 位置交换时应注意哪些问题?

5. 集体拦网时应注意哪些事项?

6. 简述双人拦网时"心跟进""边跟进"的防守阵型,各自在什么状况下应用?

第五章　排球运动技战术运用及评价

应知导航

与其他球类项目相比,排球运动的技术含金量较高。排球比赛要求参与者在空中将球击向对方场区而不在本方落地,所以击球技术显得尤为重要,只有全面熟练地掌握了排球基本技术,才能在比赛中得心应手,应用自如。但是熟练掌握各项技术需要一个过程。本章对初级、中级、高级不同阶段的学习内容、练习方法、练习要求以及纠错方法进行了比较详细的阐述。各级别可以根据需要进行选择。可以循环往复,也可以梯次式深入,目的是通过分层教学让学生打下良好的技术基础,掌握更全面的基本技术与战术,为终身体育锻炼打下坚实基础。

第一节　初级排球技战术运用及评价

近年来普通高等学校普遍开设了不同层次的排球专项选修课,以满足不同基础的学生选择。排球初级阶段,是一个认识排球,了解排球的过程,所以练习的内容、练习的方法都是从最基本,最简单开始,主要是为中级、高级阶段打好基础。

一、准备姿势和移动

初涉排球运动,首先必须了解准备姿势和移动的技术动作与练习要求,虽然这些内容的练习比较枯燥乏味,但是如果你想提高排球技术水平,在比赛场上能做到动静有方、自如应对,就必须学会准备姿势和移动。

(一)学习内容与练习步骤

(1)学习内容:半蹲准备姿势、稍蹲准备姿势;并步移动、滑步移动、跨步移动、交叉步移动、跑步。

（2）练习步骤：明确准备姿势和移动的作用、动作方法；学习半蹲准备姿势→稍蹲准备姿势→并步移动、滑步移动→跨步移动→交叉步移动→跑步。（"→"符号表示学习的前后顺序）

（二）技术要点与难点

（1）技术要点：重心前移下蹲，保持屈膝状态；准备姿势和起动的衔接。

（2）技术难点：准备姿势是为了快速起动与有效起球，控制重心与判断是技术难点。

（三）练习方法与要求

1．练习方法

（1）原地徒手模仿练习。

（2）面对或侧对镜子做准备姿势，观察动作是否正确。

（3）两人一组，一人做上举、平举、放下手势，另一人做相应的直立、半蹲、摸地等动作，建立人体不同高度的概念。

（4）两人面对面站立呈半蹲或稍蹲准备姿势，双手互拉，其中一人主动向左、右、前、后一步移动，另一人跟着做。

（5）在静止状态下，看到信号突然起动快跑。（距离5米左右）

（6）在慢跑等动态过程中，听到声音突然停止做好准备姿势。

（7）两人一组，一人在场内抛各种高低不等的球，另一人移动或跑动把球接住。

（8）两人一组，一人做前后左右的指向，另一人按指向做前后左右的跨步移动。

（9）在端线和中线之间来回跑动，单脚触线。（3个来回×3组）

（10）两人一组，一人向左、右地滚球，另一人移动后用双手把球接住。

2．练习要求及注意的问题

准备姿势和移动可以单人练习或多人同时练习。

（1）准备姿势和移动两项先分散练习再组合练习。

（2）准备姿势要屈膝下蹲，重心落在前脚掌。

（3）对不同距离的来球，用不同的移动步法。

（4）移动时人体的高度必须是水平的。

（5）移动后的制动要用前脚掌内侧着地用力。

（6）移动垫球必须下肢先到位。初学者要做到"心"到脚也到。

（四）常见错误与纠正方法（表5-1）

表 5-1　常见错误与纠正方法

技　术	常犯错误	原　因	纠错方法
准备姿势	1. 全脚掌着地，重心后坐 2. 重心偏高，击球时手臂距地面过高，用力伴有跳跃动作 3. 直腿弯腰 4. 脚底支撑面大，起动慢	1. 重心偏脚后跟 2. 对击球动作需要提重心的概念不清楚 3. 膝关节没有弯曲 4. 全脚掌着地	1. 准备姿势脚后跟微离地 2. 屈膝下蹲时双手碰触脚尖前地面 3. 要求膝关节投影点超出脚尖 4. 两脚拇指着力沿着球场的边线、端线，做碎步移动
移动	跳跃式移动	双腿太直，重心太高	利用网的高度在网下做移动练习，肩不能碰网

（五）技术评价

排球初级在掌握有球技术时，准备姿势和移动技术也要达到一定的熟练程度，具体自我评价如下：

（1）了解并正确掌握稍蹲、半蹲准备姿势动作。

（2）排球的每一个技术动作都需要有准备姿势，所以要养成击球前做准备姿势的习惯。

（3）在初步掌握准备姿势和移动动作以后，能自如运用到击球练习中。

（4）能自如运用跨步、交叉步移动垫击来球。

（5）会根据不同位置不同高度的来球，调整移动步幅与步法。

（6）移动后的击球能根据出球的方向转动身体，使身体正对击球方向。

二、发球

（一）学习内容与练习步骤

（1）学习内容：正面下手发球；侧面下手发球；正面上手发球。

（2）练习步骤：男生　徒手练习→抛球练习→正面上手发球练习。

　　　　　　　女生　徒手练习→蹬腿转体练习→正面或侧面下手发球练习。

（二）技术要点与难点

1. 正面下手发球

（1）技术要点：垂直抛球；直臂击球。

（2）技术难点：以肩为轴发力；稳定摆臂及用力方向。

2. 侧面下手发球

（1）技术要点：抛球的高度及位置与挥臂击球要吻合；直臂击球，下肢先发力。

（2）技术难点：抛球与拉臂的时间配合,蹬地后的直臂加速击球。

3.正面上手发球

（1）技术要点：抛球的稳定性,抬肘高于肩快速挥臂。

（1）技术难点：抛球的稳定性和加速挥臂。

（三）练习方法与要求

发球练习并不困难,也不枯燥,一人或多人都可练习,虽然各种发球技术的动作方法不一样,但练习方法是一样的。

1.练习方法

（1）徒手发球练习,抛球练习。

（2）单手掷球。在发球线上按发球动作向对方场区单手掷球。（每人掷10个球）

（3）两人一组,一人持球举至头顶对方击球点高度,另一人挥臂击固定球。体会击球点和挥臂动作。（每10个球交换一下×2组）

（4）双手掷球练习,双手在头上持球,在发球线上向前掷球。体会腰腹发力动作。（要求掷到后场区10个球）

（5）近距离隔网发球,站在距网6米左右处发球,体会击球点与击球动作。

（6）对墙发球。距墙从6米逐渐加长至9米左右。

（7）发球区发球练习,提高发球的稳定性。

2.练习要求及注意的问题

（1）发球动作抛球最关键,用单手将球平稳地向上抛起,要求抛稳,球的轨迹直上直下不旋转。

（2）不论以何种姿势发球,都必须做到五固定：站位距离固定;抛球动作固定;挥臂轨迹固定;击球手型固定;击球部位固定。

（3）正面上手发球,如果抛球偏前,易击在球的后上方导致落网。抛球偏后,易击在球的后下方,球会向上飞行且不过网。

（4）侧面下手发球如果抛球偏前,发球方向会偏右侧前方出界;抛球偏左,发球方向偏左侧前方。

（5）侧面下手发球挥臂必须以肩为轴直臂击球。如出现屈臂击球,球会向上飞行而不过网。

（6）上手发球必须蹬地致身体发力后带动手臂击球,不能只靠手臂力量发球。

（7）每次发球都要做到抛球稳、击球准。

（8）用力要协调。先下肢发力再上传,最后到达手腕。

（四）常见错误与纠正方法（表5-2）

表5-2　常见错误与纠正方法

技　术	易犯错误	原　因	纠错方法
正面上手发球	1.抛球偏前、偏后 2.身体用力不协调 3.转体过大挥臂未成弧形 4.推球动作	1.抛球时用手指拨球 2.击球时手臂用力太主动 3.腰部主动转动 4.拉臂时肘下拖	1.设置固定的目标,对准目标反复做平托上送抛球动作 2.脚底先发力再上传,利用身体的振腹动作,带动肩最后到达手腕发力 3.击固定球,拉臂时两肩正对网 4.抬臂拉肩肘关节靠近耳朵
下手发球	1.抛球不稳 2.击球手臂屈肘 3.身体用力不协调	1.抛球时手臂未伸直,用手指拨球 2.击球时前臂用力太主动 3.没有蹬腿与转体动作	1.左肩靠墙,以墙面为参照点,左手直臂垂直向上抛球 2.用直臂以肩为轴的徒手挥臂动作 3.侧对球网单手持球,用蹬腿转体动作用力把球扔过网

（五）技术评价

初级阶段的发球技术能稳定地发球过网。具体自我评价如下：

（1）基本掌握正面上手发球与正、侧面下手发球技术。

（2）男生正面上手发球的成功率必须达到70％以上。

（3）女生熟练掌握下手发球技术,身体要协调发力,发球成功率必须达到70％以上。

（4）抛球能做到高度固定,位置固定。

三、垫球

对初学者而言,垫球是最基础的一项技术,只要学会了垫球技术,就可以尝试打比赛。但要做到起止有方,就必须多加练习。

（一）学习内容与练习步骤

（1）学习内容：正面双手垫球；侧面双手垫球；背垫球。

（2）练习步骤：了解垫球动作方法→学习正面双手垫球→侧面双手垫球→背垫球。

（二）技术要点与难点

1.正面双手垫球

（1）技术要点：含胸收腹,直臂,身体协调用力。

(2)技术难点:击球点和击球部位,迎球节奏。

2.侧面双手垫球

(1)技术要点:手臂击球面的角度,垫击时的用力方向。

(2)技术难点:垫击面,转腰收腹协调用力。

3.背垫球

(1)技术要点:取位与手臂的高度。

(2)技术难点:击球方向与垫击高度。

(三)练习方法与要求

1.练习方法

(1)原地徒手模仿垫球动作。

(2)熟悉球性,单手连续击球或左右手交换击球。(动作部位不限)

(3)垫地面反弹球,让球落地再弹起后垫球。(注意球下落时垫击)

(4)两人一组,一人持球于腹前,另一人用垫球动作击球,体会垫球部位和协调用力。

(5)一人一球连续向上自垫,垫球高度可固定,也可高、低结合。

(6)两人一组相距4~5米,一人将球抛至同伴的腹前,同伴将球垫回。

(7)对墙连续垫球。(要求全身协调用力)

(8)两人相距4~5米,连续对垫球练习,尽量采用正面垫球。

(9)若干人围圈垫球练习。(加强垫球的配合与保护)

(10)两人一组隔网垫球练习。(要求两人相距4米左右)

(11)三人一组,三角连续垫球。(方向任意可顺时针或逆时针)

(12)两人一组,一人前、后、左、右抛球,另一人移动垫球。

(13)三人一路纵队二个球,中间那人转身垫后方抛来的球。(连续转身垫击)

2.练习要求及注意的问题

(1)手臂击球部位要正确。垫击部位过低,垫出的球重而不稳。垫击部位过高,垫出的球没有远度。

(2)垫球手法是垫好球的关键,练习时必须建立正确的动作定型,要含胸夹臂,小臂外翻,手腕下压,使小臂形成平面。

(3)移动后必须保持好人与球的关系,击球点要保持腹前一臂距离。

(4)协调用力是控制球力度的关键,迎球要及时,用力要适度,蹬送要明显,切忌摆臂过大。

(5)手臂与地面的角度要随来球而变化。来球弧度高,又垫高球时,手臂抬得平些;来球弧度低平,则手臂与地面夹角大些。

(6)垫球练习时,身体重心一定要下蹲,迎球时间要充分,节奏要明显。

(7)体侧垫球要用转体的力量帮助手臂把球击出。不要随球伸臂,不然会造成球触臂后向侧方飞出。

(8)体侧垫球时,同侧手臂要抬高提肩,使击球面截住飞行的来球。

(9)背垫时由于背对出球方向,方向难把握。取位要正确避免垫偏。

(四)常见错误与纠正方法(表5-3)

表5-3 常见错误与纠正方法

技 术	易犯错误	原 因	纠错方法
正面垫球	1.两手臂并不拢,屈肘 2.移动慢,对不正来球 3.蹬腿和抬臂用力不协调 4.击球部位不准	1.含胸夹肩不够,肘关节没有绷紧 2.缺乏预判,脚底受力面太大起动慢 3.重心太高,缺乏身体重心上下起伏的节奏感,对垫球插、夹、提动作概念不清 4.脚站位太死,不会及时调整人与球的位置距离	1.两肩与两肘尽量靠拢,直臂、压腕 2.多做移动练习,要求下肢移动到位再伸手击球,移动及垫球都要讲究节奏 3.对墙垫球时腋下夹一个排球不能掉地,迫使下肢必须用力蹬地 4.对墙连续垫球,熟悉球性,掌握人与球的距离感
移动垫球	1."探雷"式移动 2.下肢未到手先伸 3.侧身垫球	1.过度紧张,抓住双手移动 2.身体重心太高,下肢起动和移动太慢 3.身体侧对出球方向	1.移动时要求两臂放在腹部两侧,两手不能碰触 2.击球前提前做好准备姿势,重心落在前脚掌 3.移动最后一步落地时,脚尖内扣

(五)技术评价

初学者经过练习,在垫球技术方面应该达到能把对方垫过来的一般高球垫起来。具体自我评价如下:

(1)养成击球前做好准备姿势的习惯,熟练运用1至2步移动垫球。

(2)熟练掌握两人相距3米,高度3米左右的对垫。

(3)能熟练进行隔网相距6米的对垫。

(4)比赛中能把发过来的一般球垫起。

(5)熟练自垫、对墙垫、对垫技术。

四、传球

高水准的漂亮传球,让人赏心悦目。球从手中飞出,飘飘洒洒,忽高忽低,忽远忽近,好比艺术家的雕塑品。但是对于初学传球的人员来说,传球技术不易掌握,球从指尖溜掉或在手掌粘住,发出掌面拍球的噼啪声,这些都是因为手对球的生疏感导致的,所以想要掌握一手漂亮的传球,首先要让双手熟悉球性。

（一）学习内容与练习步骤

（1）学习内容：正面双手传球。

（2）练习步骤：熟悉球感→自传或对墙传球→对传。

（二）技术要点与难点

（1）技术要点：手型与击球点。

（2）技术难点：球在手中的缓冲时间，手指手腕的弹力。

（三）练习方法与要求

1.练习方法

（1）熟悉球性，两手之间拨球，可用两个手指或多个手指连续拨动。

（2）每人一球，向自己头顶上方抛球，然后用传球手型接住球。

（3）自抛自传练习，自己用双手由胸前垂直向上抛球，高约1米左右，当球下落到额前上方时，用传球手型击球使球轻轻地反弹起来，并逐步过渡到连续向上自传。（等手指找到一定的感觉以后再自传）

（4）绕球场端线、边线做行进间自传。（在行进间传球时用眼余光扫视周围）

（5）距墙50厘米，对墙连续传球，以建立正确的手型，体会手指、手腕的弹力。

（6）距墙1～2米，对准墙上的目标连续传球。

（7）抛传练习，两人相距2～3米，一人抛球另一人传抛来的球。

（8）对传练习，两人相距2～3米，连续对传。

2.练习要求及注意的问题

（1）手型要大，两个大拇指呈"一"字形或"八"字形，不能前突，拇指前突会使手型变小，减少手指对球的接触面，影响传球稳定性。

（2）击球前的准备姿势要充分，双手在额前10厘米处做好迎球准备。

（3）击球点要正确。击球点就保持在头前上方一球距离处，过高会影响传球的高度和远度，过低会形成捧球动作。

（4）不能靠手臂力量传球，要全身协调用力。

（四）常见错误与纠正方法（表5-4）

表5-4　常见错误与纠正方法

技　术	易犯错误	原　因	纠错方法
正面双手传球	1.大拇指前突，手型太小 2.掌心前突 3.捧球 4.拨球 5.手腕、手指僵硬	1.拇指与食指的间距没有拉开 2.手型没有形成半圆形 3.击球点过低 4.击球点过高 5.缺乏手腕和手指力量	1.传球时两拇指碰自己的额头 2.掌心内凹，两只手像两个碗，合并成一个半圆形 3.双手在迎球前碰自己的前额 4.两人隔网近距离对传 5.多做手指俯卧撑或对墙手指撑

（五）技术评价

初级排球在传球技术上的要求虽然不是太高，但要学会传球的基本动作。具体自我评价如下：

（1）基本掌握传球的正确手型，能自如地自传、对墙传。

（2）比赛中，对于高弧度的来球，能用传球动作去应对。

五、扣球

扣球技术在比赛中最能体现个人魅力，最具杀伤力。虽然扣球技术较难掌握，但是只要努力一定能够学会。

（一）学习内容与练习步骤

（1）学习内容：正面扣高球。

（2）练习步骤：学习助跑起跳→挥臂击球→上网扣球。

（二）技术要点与难点

（1）技术要点：助跑起跳的节奏。

（2）技术难点：踏准起跳点与击球时机。

（三）练习方法与要求

1.练习方法

（1）原地起跳摆臂练习。

（2）一步助跑起跳练习。（要求上下肢协调配合）

（3）徒手挥臂练习，体会鞭打动作。

（4）两人一组，一人持球举至对方击球点位置，另一人挥臂击固定球。

（5）对墙连续扣地反弹球。体会挥臂动作和击球手法。

（6）网前两步助跑起跳练习。

（7）低网原地自抛自扣。

（8）一人网前抛半高球，另一人助跑起跳扣球。

（9）4号位扣抛来的球。

（10）4号位扣二传从3号位传来的球。

2.练习要求及注意的问题

（1）扣球技术动作复杂，初学时要先分解练习，然后再进行完整练习。例如：先学步法，后学手法，再做完整扣球动作。

（2）重点先练好助跑起跳，解决好人与球的关系。

（3）要特别注意助跑的节奏。

（4）击球手臂要伸直，充分利用起跳高度及手臂高度，要在空中最高点击球。

（四）常见错误与纠正方法（表5-5）

表5-5　常见错误与纠正方法

技　术	易犯错误	原　因	纠错方法
扣高球	1.助跑起跳前冲 2.助跑节奏紊乱 3.挥臂速度慢，拍球动作 4.手包不住球	1.用前脚掌起跳 2.对上步的时间以及动作的节奏不明确 3.肩关节没有充分拉开 4.手掌未张开，击球瞬间没有主动推压屈腕动作	1.助跑第二步步幅要大，脚跟着地制动 2.以口令、信号限止起动起跳时间 3.多做徒手练习，多击固定球 4.击球时五指分开，手腕放松，对墙或对地连续扣反弹球；低网原地自抛自扣

（五）技术评价

初级阶段排球在扣球技术上应该会扣4号位高球、3号位的半高球。具体自我评价如下：

（1）掌握完整、有节奏的助跑、起跳、挥臂击球动作。

（2）会扣4号位高球，3号位半高球。

（3）会根据来球的不同位置，寻找起跳点。

（4）会把不到位的球处理过网。

（5）比赛中会运用扣球技术。

六、拦网

拦网技术最能体现出个人的身体素质。弹跳与制空能力是拦网的素质基础。手型是拦网成功的重要保障。虽然初级阶段的学习者身体素质还有待提高，但如果在比赛中一次成功的拦网，会让你信心百倍。

（一）学习内容与练习步骤

1.学习内容：单人拦网。

2.练习步骤：了解动作方法→学习拦网手型→徒手起跳拦网→拦扣球。

（二）技术要点与难点

1.技术要点：手臂上提不碰网，五指张开迎压球。

2.技术难点：起跳点与网的距离，起跳时间与手型。

（三）练习方法与要求

1.练习方法

（1）徒手拦网练习，要求两臂伸直上举，间距小于排球直径，手指自然张开。

（2）两人一组，一人双手举球在头前上方，另一人伸臂拦网，体会压腕拦截球。

（3）两人一组相距一米对面站立，一人向对方头上方掷球，另一人拦截，要求掷球者准确地把球掷向拦网者的拦截点，拦截者体会拦球手法。

（4）两人一组隔网站立，一人向网口抛球，另一人网前原地起跳拦网。要求起跳后保持好身体重心、手臂与网的距离，体会提肩、伸臂、压腕动作。

（5）网前向左、右做一步移动起跳拦网。领会移动步法和制动起跳动作。

（6）两人一组，隔网相对人盯人移动拦网练习。一人向左、右移动起跳拦网，另一人跟随移动并起跳，在网上与对手双手击掌。

2.练习要求及注意的问题

（1）拦网动作是一种被动跟随对方进攻队员起跳而起跳的拦截动作。踏准起跳点并及时起跳，是有效拦截的基础。

（2）起跳后要收腹立腰，提肩伸臂，把双手伸向对方上空去迎球。

（3）空中双手要张开并适度紧张，加大阻挡面积。

（4）起跳阻拦时手腕、手指不能太放松，不然容易受伤。

（5）拦截后落地时身体重心要控制好，不能往对方场区冲，必须落在本方场区内。

（四）常见错误及纠正方法（表5-6）

表5-6　常见错误与纠正方法

技　术	易犯错误	原　因	纠错方法
拦网	1.手及手臂拍打球 2.起跳过早或过晚 3.手没有贴近球 4.手型太小	1.两臂没有上提 2.盲目起跳，没有跟随扣球队员的节奏起跳 3.起跳后双手没有主动伸过网去贴近球 4.拦网时手指、手腕松弛	1.手臂上伸时上臂靠近耳朵，双手张开过网迎压球 2.拦网队员跟随扣球队员起跳，切忌提前跳或同时起跳 3.站位时身体贴近网，起跳后双手往对方上空伸 4.两人一组，十指相对做互压动作，体会手指的紧张度

（五）技术评价

初级排球的拦网技术运用较少，但也要基本学会单人拦网动作。具体自我评价如下：

（1）基本学会拦网动作，掌握正确的手型。

（2）会进行一步移动拦网。

（3）会跟随扣球队员及时起跳拦网。

七、集体战术运用

初级阶段集体战术练习是在熟练、巩固基本技术的基础上,进行一些进攻与防守的串联技能练习。

(一)练习内容

(1)集体进攻战术:"中一二"进攻站位。

(2)进攻打法:4号位强攻;3号位半高球。

(3)集体防守战术:5人接发球战术;无拦网的防守战术;接传、垫球的防守战术;单人拦网下的防守战术。

(二)基础要求

(1)了解排球比赛规则。

(2)基本掌握正面垫球、正面传球、正面上手发球或侧面下手发球技术,会扣4号位高球、3号位半高球。

(3)明确场上的站位分工与各位置的职责。

(4)具备最基本的相互协作能力即保护意识。

(三)技术要点与难点

(1)技术要点:自如地接对方场区过来的球;自觉进行相互间的配合、保护与帮助。

(2)技术难点:个人技术与集体配合的融合。

(四)练习方法

1.进攻练习

(1)"中一二"进攻站位,本方6号位抛球给二传,二传分别把球传给2、4号位进攻(见图5-1)。

(2)对方近距离发球或抛球给5号位,本方5号位把球垫给3号位,3号位二传分别把球传给2、4号位队员进攻(见图5-2)。

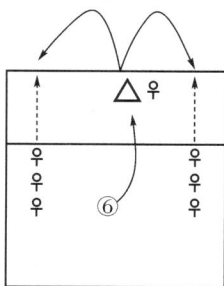
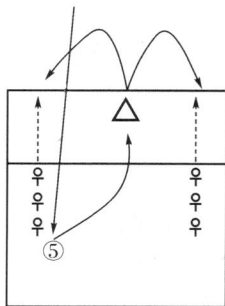

图5-1   图5-2

2.防守练习

(1)2 对 2 隔网垫球,要求 2～3 次过网(见图 5-3)。

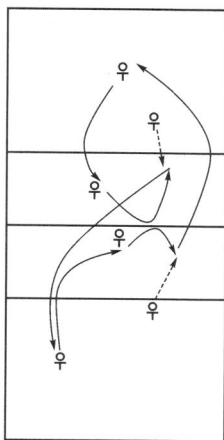

图 5-3　两次过网

图 5-4　三次过网

(2)3 对 3 隔网垫球练习,2～3 次过网(见图 5-4)。

(3)4 对 4 隔网比赛。站位要求 1 人站网前做二传,2、3、4 号位防守击球与进攻。

(4)无拦网的 6 人"W"形的接发球及防守练习。

(5)对方 4 号位进攻,本方 2 号位单人拦网下的防守练习。

(五)战术要求及注意事项(表 5-7)

表 5-7　战术要求及注意事项

技术	练习要求	常见问题	注意事项
集体进攻战术	1.所有前排队员都要做好进攻的准备 2.二传队员要主动接第二次球击球,并及时组织进攻 3.可以用垫球替代传球做二传 4.实战练习时场上出现的问题要及时提醒,纠正	1.前排队员对进攻不够主动,准备不充分 2.进攻与后撤防守的移动意识比较薄弱 3.没有前后移动,始终站在网前,导致原地起跳扣球	1.进攻与防守不能站在同一个位置,要及时助跑和后撤 2.二传要会处理网上的二次球
集体防守战术	1.在"活球"状态下,每个队员都要做好击球的准备,不要当"观众"看球 2.两人之间的球要及时提醒对方	1.场上的站位职责不明确 2.准备姿势不充分,站着看别人打球 3.场上不主动击球,经常让球 4.不会及时交流信息	1.场上"W"形的位置站位区域、职责要明确,站位不要重叠 2.场上站位前、后、左、右的位置距离要合理,不能站偏 3.当后排队员垫球时,前排队员要转身看球

（六）技术评价

初级排球在学会垫球的基础上进行比赛演练，在比赛中会应用简单的相互配合。具体自我评价要求如下：

（1）从自垫、对垫到多人垫球的配合，这是一种质的飞跃，要有比赛的感觉。

（2）场上的每一个队员都应有三次过网的意识，并会用垫球的方式向本方前场区垫高球以组织进攻。

（3）比赛中能扣2、4号位的高球，同时对对方的扣球会用拦网动作阻拦。

（4）比赛在"活球"状态下，身体要随球转动，随时做好击球的准备姿势，并会随时保护别人的击球。

（5）理解"W"形站位的方法与要求。

（6）比赛中能自如垫起对方过来的无攻球。

第二节　中级排球技战术运用及评价

排球中级的练习内容是在初级练习内容基础上的深入，所以在练习内容和方法上，要求与初级班的内容融合在一起，相互贯通相互渗透。本节着重介绍的是在掌握初级阶段技术动作和练习内容的基础上进行的中级练习内容。

一、准备姿势和移动

中级阶段准备姿势和移动的练习内容，要结合排球进行练习。这样更接近实战需要，更有利于基本技术动作的掌握与发挥。

（一）学习内容与练习步骤

1.学习内容：低蹲准备姿势；综合步移动。

2.练习步骤：掌握半蹲、稍蹲准备姿势→学习低蹲准备姿势→结合球进行各种移动步法的综合运用。

（二）技术要点与难点

1.技术要点：保持较低重心的水平移动，及时制动变换方向的能力。

2.技术难点：低蹲准备姿势两腿的重心承受力。

（三）练习方法与要求

1.练习方法

（1）在跑动或站立中，突然做准备姿势动作。

（2）在端线做好准备姿势后，看信号后突然起动。

（3）两人一组面对面半蹲站立,伸手去打对方的膝关节,同时又要保护自己的膝关节不被打到。

（4）三人一组移动接球。三人等边三角形站立,两人持球各抛直线球,另一人左右交叉步移动接抛来的球。（20次左右一组×3组）

（5）3米交叉步左右移动。（10次×2组,要求单手触线）

（6）沿着排球场边线、端线进行滑步、交叉步、后踢腿、后退跑综合步练习。（每项9米交换各2次×2组）

2.练习要求及注意的问题（可以结合初级练习内容）

（1）在练习准备姿势和移动时上体一定要前倾,有利于起动。

（2）移动到位后要用脚内侧着力,这样便于制动。

（3）在移动中身体不能上下起伏。

（4）移动的时候,双手要自然放于身体两侧。不能两手相握着移动。

（5）移动到位再击球,避免边跑边击球。

（四）常见错误与纠正方法（表5-8）

表5-8　常见错误与纠正方法

技　术	易犯错误	原　因	纠错方法
准备姿势	重心太高,身体上抬	对低重心准备姿势动作要领不明确	髋关节屈曲,双肩投影超过膝
移动	重心不稳,身体晃动	移动后两脚的间距太小,重心控制不及时	移动时身体重心落在前脚掌,用前脚掌内侧制动

（五）技术评价

排球中级的准备姿势和移动要根据比赛实战的需要达到运用自如。具体自我评价要求如下：

（1）熟练掌握初级排球的准备姿势和移动技术,并能熟练运用。

（2）根据不同的来球,运用不同的准备姿势。每次击球前都能做好准备姿势。

（3）会自如运用交叉步、跑步移动。

（4）来球弧度较低时,会运用低姿跨步垫球动作。

（5）移动接球时能做到下肢先到位再做击球动作。

二、发球

（一）学习内容与练习步骤

1.学习内容：正面上手飘球;勾手飘球。

2.练习步骤：掌握正面上手发球→学习正面上手飘球→勾手飘球。

(二)技术要点与难点

1.正面上手飘球

(1)技术要点:快速挥臂,掌根击球。

(2)技术难点:击球部位及掌根触球面积。

2.勾手飘球

(1)技术要点:抛出的球与击球点的交点要固定在头的左侧前上方。

(2)技术难点:抛球与手臂后摆的协调,身体与挥臂的协调。

(三)练习方法与要求

1.练习方法

(1)找一个参照点,用指腹把球抛起。(抛起的球直上直下不能旋转)

(2)距墙8米左右,快速挥臂用掌根或手掌对墙发球。

(3)两人相距8米,一人发球一人接发球。

(4)在发球区的不同位置发直线、斜线球。

2.练习要求及注意的问题

(1)上抛的球不能转动,这样容易找准击球点。

(2)一手抛球的同时另一手拉臂,手臂越接近球挥臂速度越快。

(3)击球掌根要紧张,触球面积要小,击球点要准。

(4)挥臂动作宜快不宜大,但动作必须拉开。

(5)腰腹与肩要快速发力。

(四)常见错误与纠正方法(表5-9)

表5-9 常见错误与纠正方法

技 术	易犯错误	原 因	纠错方法
正面上手飘球	1.抛球不稳时高时低 2.挥臂速度太慢 3.击球点不准,球旋转	1.抛球用手指拨球 2.挥击没有加速度 3.手掌触球面太大或击偏	1.抛球时抬肘,用指腹把球往上托 2.抬臂拉肘,腰腹发力 3.快速挥臂,击球时手指并拢,掌根前顶
勾手飘球	1.抛球不稳定 2.用力不协调使不上力 3.击球不稳	1.抛起的球与挥臂击球点有偏差 2.抛球与拉臂的时间没有配合好,挥臂太迟 3.手腕太松,掌根没有前顶	1.反复练习用指腹抛球,高度适中 2.注意抛球动作与拉臂挥击动作要协调,一手抛球的同时另一手向侧下方拉臂,先脚蹬地发力 3.击球时手腕要紧张

（五）技术评价

中级发球技术是在掌握正面上手发球及下手发球的基础上学会发飘球。具体自我技术评价如下：

1.能够自如运用正面上手发球,掌握发飘球的原理与手法,至少掌握一种发飘球技术。

2.发球的成功率必须达到80％以上,并要有一定的攻击性。

3.会根据比赛的实时状况,改变发球的性能。如：

（1）在本方领先时可采用加强攻击力的发球。

（2）在本方落后连续失误时采取增加稳定性的发球。

（3）比赛关键球时发球要注意稳定性、准确性,不能无谓失误。

三、垫球

中级阶段的垫球是以稳定性为主,起球率是组织一攻及反攻的重要保证,如果垫球的到位率太低,那配合就无从着手,所以垫球是配合的基础。

（一）学习内容与练习步骤

1.学习内容:低姿势垫球;单手垫球;挡球。

2.练习步骤:掌握正面、侧面、背面垫球技术→学习低姿垫球→单手垫球→挡球动作。

（二）技术要点与难点

1.低姿垫球

（1）技术要点:低重心的移动与迎球垫击的时机。

（2）技术难点:低重心与夹臂动作。

2.单手垫球

（1）技术要点:跑动和击球的节奏要吻合。

（2）技术难点:单手击球时的用力方向与击球点。

3.挡球

（1）技术要点:手位置的高度以及手掌的角度。

（2）技术难点:判断来球后做出挡球动作的反应速度。

（三）练习方法与要求

1.练习方法

（1）两人一组交叉步移动侧面垫球。一人向左右方向交替抛球,另一人移动将球垫回。

（2）两人一组对垫打防练习。（可以每次接住球后再抛球击打,也可以连续打）

（3）六人一组迎面跑动连续垫球。

（4）四人一组三角形跑动垫球。

（5）连续防多方向来球。一人向前、后、左、右连续抛球，另一人连续移动垫球。

（6）两人一组，一人抛不同距离、不同方向、不同速度和高度的球，另一人在移动中采取正面、侧面、跨步、低姿或背向等方法将球垫回。

（7）三人一组三角形垫、传球配合。

（8）垫远距离球。四人一组，二对二隔网各自站在限止线后，对垫。

（9）六人一组，三对三隔网三角形站立，二次或三次垫球过网。

（10）二人一组相距10米，一人发球，另一人接发球。

（11）三人一组纵队，一人垫正面短距离球、一人背垫、另一人垫正面长距离球。

（12）徒手低姿垫球动作。塌腰、前臂触地、屈膝翘腕。

（13）一人抛球，另一人低姿垫球。

（14）一人击扣球，一人左右移动低姿垫球。

（15）一人抛球，另一人挡球。

2.练习要求及注意的问题

（1）接扣球时手臂要充分伸直迎球。

（2）跨步低姿垫球时，后蹬脚要跟随，重心落在前脚。

（3）单手击球是在双手无法接球时使用，注意击球点与击球方向。

（4）挡球动作必定用于胸以上部位的来球。

（四）常见错误与纠正方法（表5-10）

表5-10　常见错误与纠正方法

技　术	易犯错误	原　因	纠错方法
单手垫球	伸臂过早，屈肘垫球	随意用单手垫球	1.自抛自垫击向某一个目标 2.在双手够不着球时才用单手击球 3.单手垫球时肩必须前伸
背垫	背垫时垫出的球太高或太低	击球点偏低或偏高	击球点保持在脸前，上体稍后仰，前臂要高于肩
低姿垫球	1.重心太高 2.手臂前伸不够	1.准备姿势重心太高，迎球节奏错误 2.手臂距地面夹角太大	1.看到对方击打时以低蹲做准备，球下落时重心上提手臂上抬 2.垫球时双手远离身体，插入球下再抬臂
挡球	控制能力差，球向前平飞	挡球时手腕角度垂直于地面，后仰不够	自抛自挡练习；手腕紧张稍后仰，手指正对自己的额头

（五）技术评价

中级阶段的垫球技术运用非常广泛。具体自我评价的要求如下：

（1）能熟练运用跨步、交叉步移动垫球，并能控制好移动与垫球的节奏。

（2）移动后能够调整身体位置，面对垫球方向。

（3）能够正确区分不同特点的来球，并能用不同的垫球动作去应对。例如：接发球与接扣球的不同动作。

（4）会根据来球距网距离的远近来做出相应的垫球动作。例如：垫网前球抬高手臂，垫后排球手臂与地面夹角要大，身体要做适当伴送。

（5）接发球时，要会判断球的飞行方向与落点并移动到位将球垫起。

（6）能用垫球代替传球做调整二传。

四、传球

中级阶段的传球，已经达到了一定的控球能力，所以要更多地运用于比赛中。

（一）学习内容与练习步骤

1.学习内容：背传球。

2.练习步骤：熟练掌握正面双手传球→学习背传球。

（二）技术要点与难点

1.技术要点：手腕的后仰角度，手臂的屈伸动作。

2.技术难点：手型与击球位置及出球的方向。

（三）练习方法与要求

1.练习方法

（1）两人一组隔网各自站在离中线1.5米左右处对传。

（2）三人一组三角传球。要求身体侧对来球正对传出方向。

（3）两人一组一人向左、右、前、后抛球，另一人移动传球。

（4）四人一组三角形逆时针跑动传球。

（5）两人一组在网前移动传球。

（6）自己抛球后背传。

（7）三人一组一路纵队，前后两人正面传球，中间背传后转身再传另一人传来的球。

（8）三人一组三角形顺时针传球，其中一人背传。（这一练习主要练习背传）

2.练习要求及注意的问题

（1）背传时要背对传出方向。

（2）击球点与手腕的后仰角度不能太大，防止溜球。

（3）背传时头可以后仰，但身体不能成反弓动作。

（四）常见错误与纠正方法（表5-11）

表5-11　常见错误与纠正方法

技　术	易犯错误	原　因	纠错方法
正面传球	1. 五指并拢手型太小 2. 手指拨球像拦网	1. 手指间距太小 2. 直臂太直,掌心前顶	1. 传球时用余光看手型,要求拇指与食指间呈三角形 2. 每次传球前拇指碰触前额
背传球	1. 击球点错误 2. 球向后方滑出,没有高度 3. 方向控制感差	1. 击球点太靠前或在脸前 2. 手型过度后仰 3. 两手触球面积不一样,用力不一致	1. 击球点抬高在头顶上方,手腕稍后仰 2. 手指、手腕的用力要向后上方,不能过度向后用力 3. 手型要大,两个小手指护在球的两侧,起稳定方向的作用

（五）技术评价

中级阶段传球技术自我评价如下：

1. 能够进行高弧度的对传。

2. 二传能正面传4号位高球,3号位快球。

3. 会用传球去处理网前高弧度的来球。

4. 会向背面传球。

五、扣球

中级阶段的个人扣球技术,已突显其个人实力,对网前的高球都有跃跃欲试的冲动,但是要达到具有杀伤力的程度,还需要多多磨练。

（一）学习内容与练习步骤

1. 学习内容：近体快球；平拉开球。

2. 练习步骤：熟练掌握正面扣球→学习扣近体快球→扣平拉开球。

（二）技术要点与难点

1. 近体快球

（1）技术要点：起跳的位置与起跳的时间。

（2）技术难点：根据一传的位置找准助跑的起动时机。

2. 平拉开球

（1）技术要点：助跑的角度和起跳点。

（2）技术难点：手臂挥击拦截点。

（三）练习方法与要求

1.练习方法

（1）网前一步起跳自抛自扣。

（2）4号位扣二传从3号位传来的平拉开球。

（3）扣4号位直线、斜线球。（二传在3号位传球）

（4）扣背传近体快球。

（5）4号位扣二传在后排传来的调整球。

（6）在4号位,垫隔网抛来的球给二传,再扣二传传到4号位的高球。

（7）扣对方抛过网的探头球。（连续扣5个球后两人交换练习）

（8）在对方单人拦网的情况下扣球。（可以两人也可以多人同时练习）

（9）4号位连续扣抛来的球。（可以多人也可以一人,每人扣10个球一组）

（10）扣二传抛起的3号位近体快球。

（11）扣3号位近体快球。（攻手抛球给二传再扣二传传起的球）

2.练习要求及注意的问题

（1）助跑节奏感要强,步幅要正确。

（2）助跑时紧盯一传的飞行方向与高度,随时调整助跑节奏与起跳点,保持好二传与起跳点的位置距离。

（3）在比赛中扣3号位快攻时不要盲目起跳,要紧扣二传的传球节拍。

（四）常见错误与纠正方法（表5-12）

表5-12 常见错误与纠正方法

技　术	易犯错误	原　因	纠错方法
平拉开球	1.起跳点踏不准 2.击球不准	1.助跑时没有往边线外绕 2.起跳太慢,身体与网的角度太小	1.在二传传球时,向边线外绕 2.原地低网扣抛来的平快球
近体快球	1.助跑节奏感不强 2.起跳点离网太近 3.手臂、手腕没有鞭甩动作	1.节奏太慢,没有紧跟一传的节奏助跑 2.起跳后身体前冲 3.起跳后挥臂不及时	1.及时跟随一传的飞行路线、高度助跑,在二传传球时起跳 2.在二传队员的左脚侧前方约50厘米处起跳 3.原地对墙扣球,低网练习挥臂甩腕动作

（五）技术评价

中级阶段要熟练掌握4号位高球,学会3号位近体快球。具体自我评价如下:

（1）熟练掌握扣4号位高球、学会扣4号位平拉开球及3号位近体快球。

（2）区分平拉开球与高球在助跑节奏、助跑方向上的区别。

（3）会处理不到位的网前球。

（4）会在比赛中扣2号位4号位高球和3号位近体快球。

（5）会扣探头球，会处理网上的二次球。

六、拦网

中级阶段的实战比赛，扣球技术应用较多，拦网是防守的第一道防线，应该积极运用。

（一）学习内容与练习步骤

（1）学习内容：双人拦网。

（2）练习步骤：掌握单人拦网→学习双人拦网。

（二）技术要点与难点

（1）技术要点：起跳卡位准，手型大，手与手间隙合理。

（2）技术难点：二人起跳时间的合拍，手型的配合。

（三）练习方法与要求

1.练习方法

（1）网前徒手并步移动拦网练习。

（2）两人一组，一人自抛原地起跳扣球，另一人原地起跳拦网。体会双手迎球压腕动作。

（3）两人徒手起跳并网拦对方4号位扣球。（2号位取位，3号位向2号位移动并网跳）

（4）两人徒手起跳并网拦对方2号位扣球。（4号位取位，3号位向4号位移动并网跳）

（5）三人一组隔网站立，一人自抛扣球，二人并网拦网。

（6）对方在4号位扣球，本方3号位向2号位移动组成双人拦网。

（7）对方在2号位扣球，本方3号位向4号位移动组成双人拦网。

2.练习要求及注意的问题

（1）集体拦网要确定以谁为主，另一人协同配合，防止各行其是。

（2）主拦队员确定拦网起跳点，配合的队员时刻注意主拦队员的位置，避免相互冲撞和干扰。

（3）起跳后手臂在空中要保持适当距离尽量扩大拦截面，但手与手之间距离不要超过一个球，以免漏球。

（四）常见错误与纠正方法（表 5-13）

表 5-13　常见错误与纠正方法

技　术	易犯错误	原　因	纠错方法
双人拦网	1.起跳节奏不一致 2.起跳点踏不准,两人间的手间隙过大 3.身体重心控制不住	1.两人一前一后起跳 2.卡位不当,两人并网间隙过大或过小,造成手与手之间不能并网或重叠 3.起跳及落地时重心控制不当	1.拦网起跳,要略迟于进攻队员起跳 2.并网队员要随时注意主拦队员的起跳动作,卡位队员垂直向上跳,并网队员起跳双手靠近同伴 3.并网的队员移动后起跳前的最后一步要制动

（五）技术评价

中级排球随着进攻能力的加强,拦网也随之增多。自我技术评价的要求如下：

（1）基本掌握单人及双人拦网的起跳与伸臂动作。

（2）起跳后能控制身体重心,不会随意碰网。

（3）拦直线会用包球的手法,防止打手出界。

（4）会根据进攻队员的扣球动作,改变手型及拦截位置。

七、集体战术运用

排球集体战术是一种将个人的技术行为以集体展示的形式体现的战术综合运用。它不仅要求每个队员有比较熟练的基本技术和灵活的个人战术,重要的是要将各人的这些技术有机地串联起来实施各种战术组合。中级排球的战术配合,是在初级战术运用能力的基础上进行整合。因此中级阶段的配合练习可以结合初级练习内容进行。

（一）练习内容

（1）集体进攻战术："边一二"进攻战术。

（2）进攻打法：4号位高球→4号位平拉开球→3号位近体快球→2号位平快球。

（3）集体防守战术：5人接发球站位→双人拦网下的"边跟进"防守战术→接拦回球的防守战术。

（二）基础要求

（1）了解排球比赛基本规则。

（2）熟练掌握正面、侧面、背面垫球技术,自如运用低姿垫球、单手垫球及挡球技术。

（3）基本掌握正面上手发球、正面上手飘球。

（4）会扣4号位平拉开球,扣3号位快球。

（三）技术要点与难点

（1）技术要点：前场区防守与反击的转换速度。

（2）技术难点：对不同性质来球的及时动作反应。

（四）练习方法

1."边一二"5人接发球。组织进攻方法：

（1）6号位抛球至2、3号位之间，二传组织3号位快球，4号位高球。

（2）5号位接对方抛来的球垫至2、3号位之间，二传组织3号位半高球，4号位平拉开球（见图5-5）。

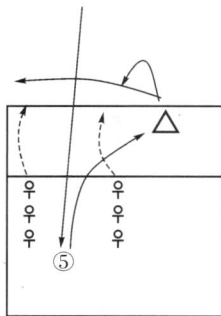

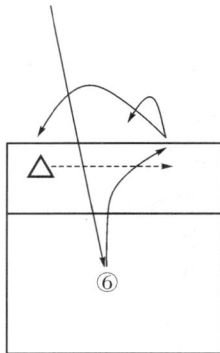

图5-5　5号位接球　　　　　　　　图5-6　反"边一二"站位

（3）反"边一二"，二传从4号位快速跑到2、3号位组织3、4号位进攻（见图5-6）。

（4）"中一二"站位，二传组织2、4号位高球进攻。

（5）6人"中一二"或"边一二"进攻站位比赛。

2.防守练习及拦网下的防守站位

（1）对方2、3、4号位扣球，本方相对应的4、3、2号位单人拦网下的防守阵型练习。

（2）对方隔网发球，6号位接发球，二传组织4号位进攻（见图5-7）。

（3）三人一组打防调。1人击扣1人防守1人调整。

（4）四人一组专位防守。1人在3号位击打，后排1、6、5号位专位防守（见图5-8）。

（5）对方4号位扣球，本方2、3号位拦网下的"边跟进"防守阵型，也称"马蹄型"防守（见图5-9）。

（6）对方2号位进攻，本方3、4号位双人拦网下的"边跟进"防守。

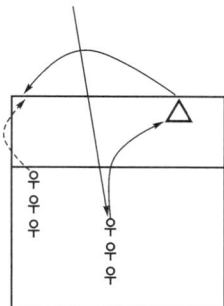

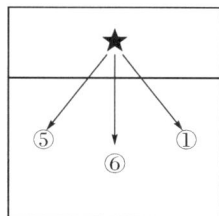

图 5-7　6 号位接球　　　图 5-8　后排专位防守　　　图 5-9　双人拦 4 号位进攻的边跟进防守

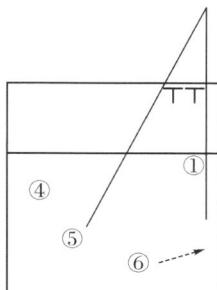

（五）战术要求及注意事项（表 5-14）

表 5-14　战术要求及注意事项

技术项目	战术要求	常见问题	注意事项
集体进攻战术	1. 前排队员准备进攻前必须有后撤动作，以便助跑 2. 前排队员进攻后要自我保护被拦回的球并快速后撤 3. 前排队员要随时转头观察一传的位置	1. 进攻时不会根据来球进行调整助跑方向与助跑节奏 2. 网前进攻与后撤防守不及时 3. 进攻起跳点踏不准	1. 由进攻转入防守时，要注意来球的方向及时后撤 2. 前排队员防守时的垫球要高，节奏要慢 3. 快攻队员要随时注意一传的位置、高度与方向，及时调整助跑位置与节奏 4. 进攻队员扣球时，要注意自我保护
集体防守战术	1. 一传要明确战术意图，把球垫到便于组织战术进攻的位置上 2. 要随时做好保护别人的垫球	1. 防守时身体不会随球转动进行保护 2. 缺少保护、弥补别人垫球的意识 3. 前排队员背对后排队员的垫球 4. 后排队员对前排进攻或拦网时的保护意识较弱	1. 接球时各位置的站位要分布合理，防守站位也是以"W"形站位为主 2. 后排队员要主动接偏后方的球，以保证前排队员的进攻 3. 防前场区的球一传要垫高，给进攻留有调整助跑的时间 4. 拦网的战术布置要明确，后排防守要根据拦网的布置进行卡位 5. 对场上变化后排防守要及时转换，灵活运用

（六）技术评价

中级排球有比较多的比赛练习时间，技术、战术的实际应用会更加广泛。中级战术的自我评价要求如下：

（1）在熟练掌握初级排球基本战术配合的基础上，更多地组织高球与快球的组合进攻。

（2）掌握"中一二"与"边一二"进攻战术的站位与特点，根据本方人员的不同特点随时进行改变。

（3）进攻队员会打 3 号位近体快球和 4 号位的集中、拉开及 2 号位高球。

（4）一传不到位时，后排队员会用传球或垫球进行调整二传。

（5）基本掌握进攻与防守的转换节奏。

（6）自如运用单人拦网和双人拦网战术，同时防守队员会根据扣球或拦网的动作进行相应的防守保护。

第三节 高级排球技战术运用及评价

排球高级阶段的教学对象，原则上必须为经过排球初级、中级教学过程，并有较好的排球基础知识及基本技术的学生。排球高级阶段的技、战术练习内容，是在初级、中级内容基础上的深入。因此技、战术的运用是三个层面的融会贯通。

一、准备姿势和移动

高级阶段的准备姿势和移动，应结合临场位置与各种来球进行练习，最终达到自如运用。

（一）学习内容与练习步骤

（1）学习内容：结合临场针对各种来球的多种准备姿势和移动练习。

（2）练习步骤：熟练掌握各种准备姿势和移动技术→根据临场实战要求进行移动→根据场上不同的位置结合不同的来球进行移动练习。

（二）技术要点与难点

（1）技术要点：面对不同的来球，及时采用恰当的准备姿势和移动。

（2）技术难点：快速反应以及快速改变身体重心。

（三）练习方法与要求

1.练习方法（练习时可以综合初级与中级的内容与方法）

（1）徒手左右蹬跨步移动倒地。

（2）距离 3 米前后移动，要求双手触地。（10 次 3 组）

（3）从端线至中线 9 米间的前进、后退及左右交叉步移动。方法为从端线跑至限止线→后退至端线→向前跑至中线→左转一个交叉步手摸限止线→向右一个交叉步摸中

线。(每人 5 组)

(4)"米"字形前后或交叉步移动。(每人 3 组)

(5)4 号位助跑→后撤至限止线 3 号位附近→3 号位助跑→后撤至限止线 2 号位附近→2 号位助跑→后撤→过网到对方场区同样的方法练习。(每人 3 次)

2.练习要求及注意的问题

(1)移动练习时身体起伏不能太大,要保持水平状态,上体前倾。

(2)身体随球转动,击球前两脚要时刻保持微动状态。

(3)防扣球时做好低蹲准备姿势,把握好迎球与垫击的节奏,重心要先下蹲,当球下落时重心上迎。

(四)常见错误与纠正方法(表 5-15)

表 5-15　常见错误与纠正方法

技　术	易犯错误	原　因	纠错方法
准备姿势	1.防守时迎球节奏错误,重心随球下落 2.起动慢,不能及时控制重心	1.低蹲准备姿势不充分 2.重心太高,脚底着力面太大	1.对方扣球时做好低蹲准备姿势,手触地,球下落时重心上提并伴送 2.练习中两脚保持微动,多做结合球的移动练习
移动	移动后击球不稳,动作与脚步同时完成	击球时脚步还没有移到位	做到下肢移动到位后再伸手

(五)技术评价

排球高级程度学生的准备姿势和移动技术,应该达到熟练掌握运用自如。具体自我评价要求如下:

(1)要求熟练掌握及运用初级、中级阶段的准备姿势和移动技术。

(2)掌握三种准备姿势和各种移动动作,特别是低姿的准备姿势和移动技术。

(3)在练习和比赛中针对各种不同性质的来球,能够用不同的准备姿势和移动去应对。如:接扣球用低蹲准备姿势;接发球用半蹲准备姿势;接一般球用稍蹲准备姿势等。

(4)会综合运用各种移动步法,很好地把握起动、移动、制动三个环节。

二、发球

跳发球是当前比赛中最有攻击性的发球,它的特点是力量大、速度快、弧度平、过网时间短,具有较大威胁。但跳发球技术难度大,需要练习者具有相当好的弹跳高度、爆发力,及正确手法和良好的控制能力,特别是大力球,对我们的练习者而言有一定的难度,对此,我们可以选择发跳飘球。

（一）学习内容与练习步骤

（1）学习内容：跳发飘球；跳发大力球。

（2）练习步骤：熟练掌握正面上手发球、正面上手飘球→学习跳发球技术。

（二）技术要点与难点

（1）技术要点：助跑起跳与击球点的吻合。

（2）技术难点：抛球的稳定性与起跳的节奏。

（三）练习方法与要求

1.练习方法

（1）原地对墙发球练习。（发大力球用全掌包球；发飘球用掌根击球）

（2）原地反复自抛高球。

（3）二步或三步助跑起跳练习，特别注意人与球的位置关系。

（4）距墙6～10米，进行对墙发球练习。

（5）在端线发球区进行跳发练习。

2.练习要求及注意的问题

（1）抛球的高度与助跑的位置要固定。

（2）抛出的球最好呈上旋球，这样有利于压腕。

（3）跳发球技术需要助跑、起跳、手臂鞭打击球等动作，整个动作必须连贯。

（4）必须具备较好的身体素质，有良好的弹跳力、腰腹肌力、爆发力、上肢力和动作速度。

（5）跳飘球的抛球不要太高也不能转动。

（6）跳飘球的助跑幅度要小于大力球的助跑幅度。

（7）要区分跳飘球与大力球的不同手法。

（四）常见错误与纠正方法（表5-16）

表 5-16　常见错误与纠正方法

技　术	易犯错误	原　因	纠错方法
跳发大力球	1.抛球高度与位置不稳定 2.手腕包不住球	1.抛球出手时偏左或偏右，不在一条直线上 2.手腕没有鞭打动作	1.通过反复练习来磨合抛球与起跳的节奏 2.手掌自然张开，对墙发球练习手腕的推压动作
跳飘球	抛球高度不稳定	击球点与击球部位不稳，挥臂速度不够快	练习抛球与击球点的稳定性，加快挥臂速度

（五）技术评价

排球高级程度的发球技术应该达到游刃有余，具有较强的攻击性和较好的稳定性。具体自我评价要求如下：

（1）熟练掌握正面上手发球、发飘球技术。基本领会掌握跳发球技术动作。

（2）能控制发球的速度。能发弧度低、速度快的飘球；也能发弧度高、速度慢的高球。

（3）能改变发球的位置。采用近、中、远距离发球。

（4）会找位置发球。如：

①将球发给一传技术差或刚刚换上场的队员。

②将球发到对方两个队员之间的空当处、边线、后场端线附近。

③将球发向对方参加进攻的队员，牵制进攻队员，使其不能全力参与进攻。

④将球发给二传或二传跑动的必经线路上，迫使其接球以破坏对方进攻节奏。

三、垫球

高级阶段垫球的到位率，直接影响进攻的配合及战术的打法。组织有效的一攻或反攻，一定要有较高的垫球到位率。

（一）学习内容与练习步骤

（1）学习内容：前扑垫球；滚翻垫球；脚垫球。

（2）练习步骤：熟练掌握运用正面垫球、侧面垫球、低姿垫球、单手垫球及挡球→学习前扑垫球、滚翻垫球、脚垫球。

（二）技术要点与难点

1.前扑垫球

（1）技术要点：倒地时身体前扑，上体先着地。

（2）技术难点：伸臂救球与前扑倒地动作的流畅。

2.滚翻垫球

（1）技术要点：手臂前伸失去重心状态下完成击球，倒地滚翻是保护措施，两者有机结合。

（2）技术难点：跨步与击球点的吻合，滚翻后的快速站立以便做下一个动作。

3.脚垫球

（1）技术要点：垫击时脚踝的紧张度，用力的节奏。

（2）技术难点：球的速度、位置与脚的用力相吻合。

（三）练习方法与要求

1.练习方法

（1）三人一组打防调。一人扣，一人垫，另一人调整。

（2）两人一组结合场区位置前后移动垫球。一人抛 5 号位高球，再抛 4 号位轻球连续交替，另一人前后移动垫球。

（3）两人一组结合场区位置左右移动垫球。一人抛 5 号位球，再抛 1 号位球，另一人左右移动垫球。

（4）前后移动接轻重交替的球。5号位防重扣球→4号位防轻吊球→再后退至5号位防重扣。（每人接10个到位球，依次反复）（"→"这个标记表示前后顺序）

（5）两人一组移动垫球。一人抛球，另一人跑动垫球。顺序如下：5号位→4号位→6号位→3号位→1号位→2号位。

（6）结合进攻的垫球练习。4号位进攻→向右后撤接轻球→再4号位进攻→再后撤垫球。（每人扣10个球，依次反复）

（7）3号位进攻后，向后撤移动垫球→3号位进攻→再后撤垫球。（每人扣10个球，依次反复）

（8）2号位进攻后向左侧后方移动垫球→2号位进攻。

（9）徒手前扑救球练习。

（10）徒手做左右滚翻练习。

（11）一人抛球，另一人左右滚翻救球。

2.练习要求及注意的问题

（1）防重扣球时重心要提前降低，直臂迎球插入球下。

（2）前扑与滚翻垫球时身体重心一定要前倾，手臂前伸。

（3）滚翻与前扑是一种身体自我保护动作，一定是在完成击球后才做。

（4）脚垫球是一种垫球的弥补动作，不要成为一种常态。

（四）常见错误及纠正方法（表5-17）

表5-17 常见错误及纠正方法

技 术	易犯错误	原 因	纠错方法
垫球	1.重心太高 2.手臂松弛 3.侧对来球	1.没有提前做好击球前的低蹲准备姿势 2.防守时手臂太随意，没有做到直臂迎球 3.缺少防守前的预判	1.见到对方扣击球时，提前做好低蹲姿势，单手触地后再迎球 2.加强上下肢配合用力的节奏，移动到位的同时，手臂要伸直 3.在对方击球前后学会预判
滚翻前扑垫球	滚翻倒地动作不流畅	滚翻倒地过早	先学会远距离低姿失去重心状态下垫球，手臂一定要前伸

（五）技术评价

高级程度的垫球技术，着重体现在实战的运用上。具体自我评价要求如下：

（1）熟练掌握初级、中级阶段所要求的垫球技术。

（2）自如应对不同高度、不同速度的来球。

（3）对来球做出预判并卡位。当来球距离身体较远时,会用滚翻及前扑救球。

（4）能根据本方的进攻战术意图,垫出不同高度、不同远度的球。

（5）能根据对方不同的发球性能,做出相应的动作,以保证一传到位。如:

①前排一传时,垫球力量不宜太大,弧度应稍高。

②当来球速度快、力量大、旋转力强时,会调整手臂的角度、力度。

③会对低点球用翘腕动作垫击。

四、传球

高级阶段的传球技术运用更加广泛,着重体现在组织进攻上,较多地用在二传、调整二传中,也可以用在来球较高时的一传。

（一）学习内容与练习步骤

（1）学习内容:侧传、跳传。

（2）练习步骤:自如运用正面上手传球、背传球→学习侧面传球→学习跳传球。

（二）技术要点与难点

1.侧传

（1）技术要点:击球点的取位与手型。

（2）技术难点:传球点与人体的位置,两臂的用力方向。

2.跳传

（1）技术要点:起跳时机与击球点。

（2）技术难点:在起跳的最高点传球。

（三）练习方法与要求

1.练习方法

（1）距墙 2～3 米,连续对墙传球。（传高远球）

（2）两人一组,自传一次,再传给对方。

（3）两人一组,相距 5～6 米,传高远球。

（4）两人一组,相距 6～7 米,传平拉开球。

（5）三人三角形侧面传球。（要求身体正对来球方向,侧对传球方向）

（6）两人一组,自传一次后,向左或向右传体 90°侧传。

（7）两人一组,先自传一次,再向左或右转体 180°后背传。

（8）两人一组,原地自传一次后再跳传给对方。

2.练习要求及注意的问题

（1）首先要掌握传高球及传远距离球。（这是高级阶段传球的基本要求）

（2）跳传时身体尽量垂直向上跳起,不要冲跳。

（3）跳传时掌握好起跳时间,当身体上升到最高点时传球。

（4）跳传往往是二传在近网高球组织进攻时采用。

（四）常见错误与纠正方法（表5-18）

表5-18　常见错误与纠正方法

技　术	易犯错误	原　因	纠错方法
侧传	搬球动作	两手手型在一个平面上	用力时异侧的手要高一点
跳传	1. 人下落时传球 2. 边跳边传球 3. 二肘外撑	1. 起跳时间过早 2. 起跳时间过晚 3. 两个肘关节向外撑，没有自然下垂	1. 加强起跳时间与球的高度的节奏配合，判断球的高度再选择起跳的时间 2. 加强节奏练习，第一个动作是起跳，第二个动作才是传球 3. 传球时两肘稍夹紧，两食指呈"八"字形

（五）技术评价

高级传球技术自我评价要求如下：

（1）掌握较正确的传球手型和身体的协调用力。

（2）在比赛时会用传球做调整二传。

（3）能用传球动作应对高弧度的来球。

（4）二传会用跳传动作处理网上的球。

（5）二传队员会根据本方的特点和战术要求，合理分配扣球。

（6）二传队员会根据本方一传的远、近、高、低不同的来球，合理运用传球技术组织进攻。

（7）二传能传近体快球、短平快球、背快球、4号位平拉开球。

五、扣球

高级阶段的练习者已经掌握4号位高球及3号位的快球，这一阶段的练习重点，围绕不同距离不同节奏的快球，展示网上飞与滑动的魅力。

（一）学习内容与练习步骤

（1）学习内容：扣背快球；短平快球；背平快球。

（2）练习步骤：熟练运用扣4号位高球、3号位近体快球→学习扣背快球、短平快球、背平快球。

（二）技术要点与难点

1.扣背快球

（1）技术要点：要根据一传的位置寻找起跳点。

（2）技术难点：起跳后的身体方向和扣球的甩腕动作。

2.短平快球

（1）技术要点：助跑的角度与起跳点。

（2）技术难点：根据一传的位置，调整助跑节奏与位置。

3.背平快球

（1）技术要点：击球时机与甩腕动作。

（2）技术难点：起跳角度。

（三）练习方法与要求

1.练习方法

（1）下肢起跳、上肢挥臂肌力及腰腹力量的协调用力练习。

（2）连续对墙直臂扣球，提高手腕腕力。

（3）学习和掌握多种助跑起跳，一步、二步、三步助跑起跳、原地起跳。

（4）徒手或持器械拉肩转肩，提高肩关节灵活性。

（5）在4号位扣直线、斜线球。

（6）在2号位扣直线、斜线球。

（7）在3号位扣近体快球。（扣到对方场区两侧腰线）

（8）在4号位扣平拉开球。

（9）在3号位扣短平快球。

（10）两人一组扣2、3号位前交叉球。

（11）两人一组扣3、4号位夹塞球。

（12）在4号位和2号位扣从后排传来的调整球。

2.练习要求及注意的问题

（1）扣快球时挥臂幅度不要太大但要快速。

（2）快球的起跑时间要根据来球弧度的高低及距网的远近来进行及时调整。

（3）助跑时根据来球控制节奏快速踏跳。

（4）扣4号位平拉开球的助跑要往边线外绕。

（5）两人的交叉配合进攻，先助跑的队员要掌握好节奏，太早助跑容易暴露，太迟会阻挡合作者的助跑线路。

（四）常见错误与纠正方法（表5-19）

表5-19　常见错误与纠正方法

技　术	易犯错误	原　因	纠错方法
扣平快球	1.助跑步法紊乱 2.踏跳距离感不强,起跳点不准	1.不能根据一传的位置、高度进行助跑 2.起跳点过近或过远	1.明确一传的高度和远度与扣快球的节奏关系,多做抛球给二传后的平快球扣球练习 2.多练助跑起跳加强节奏感,树立与二传的位置距离感
交叉进攻	两人助跑的时间节奏不合	先助跑的人员起动太迟,阻碍后者助跑	徒手交叉助跑的节奏练习,扣抛起的球进行交叉进攻
调整进攻	人球关系保持不好,手控制球能力差	不能及时调整步幅,影响起跳点的选择	1.多做快速后撤,快速上步的助跑起跳练习 2.做自抛自扣高球练习,保持好人与球的位置 3.对墙或隔网扣平球练习,提高手腕推压技术

（五）技术评价

排球高级程度学生的扣球技术,应该比较全面,应用能力也强。具体自我评价如下:

（1）正确掌握扣球的助跑起跳与挥臂击球动作,具有较强的节奏感。

（2）掌握各种扣球技术,即4号位平拉开、高球;3号位前快、背快球。

（3）会改变扣球方向避开对方拦网。

（4）扣球时会采用直线与斜线、长线与短线的扣球手法。

（5）3号位扣球会运用转体、转腕的扣球技术。

（6）会用单脚起跳扣球。

（7）会灵活处理网上球、探头球及吊球。

六、拦网

高级阶段网上争夺激烈,随着进攻点的增多力量的加强,攻守要平衡,拦网至关重要。

（一）学习内容与练习步骤

（1）学习内容:三人拦网。

（2）练习步骤:熟练掌握单人拦网、双人拦网→学习三人拦网。

（二）技术要点与难点

（1）技术要点:集体拦网时卡位的队员起跳位置要准确,三人起跳的节奏要一致。

(2)技术难点:3 号位起跳的节奏及并网的手型。

（三）练习方法与要求

1.练习方法

(1)对方在 2、3、4 号位扣球,本方在相对应的三个位置单人拦网。

(2)对方在 4 号位扣球,本方 3 号位、4 号位队员向 2 号位移动组成三人拦网。

(3)对方在 2 号位扣球,本方 3 号位、2 号位队员向 4 号位移动组成三人拦网。

(4)对方 3 号位快攻,本方 2 号位、4 号位队员向 3 号位移动组成三人拦网。

2.练习要求及注意的问题

(1)拦网并网后的手型一定要张大,手与手之间间隔不能大于球的直径。

(2)移动时最好侧身,边起跳边转身。

(3)三人拦网讲究的是配合,卡位的队员必须定位正确,不能斜扑起跳。

(4)并网的队员起跳的步幅要适当,不要撞到同伴。

(5)靠近边线的拦网手要内包,以防打手出界。

(6)如果两个并网的队员往同一个方向移动,那么两人的步调要一致。

（四）常见错误与纠正方法（表 5-20）

表 5-20　常见错误与纠正方法

技　　术	易犯错误	原　　因	纠错方法
三人拦网	1.起跳时步调不一致 2.手之间并网不严密	1.没有在同一时间起跳 2.起跳时身体离网太远或起跳时身体没有移动到位	1.起跳时可以喊有节奏的口令 2.移动起跳后盯住卡位人的手 3.并网手相互间距不能超出一个球 4.不同的移动距离用不同的移动步法,而且要尽量贴近网

（五）技术评价

排球高级阶段的拦网技术运用比较广泛且形式多样化。具体自我评价要求如下:

(1)自如运用单人、集体拦网技术。

(2)会根据对方扣球的助跑线路及时调整拦网起跳点。

(3)拦网的同时会根据球的落点进行保护击球。

(4)明确集体拦网时的并网要求。

(5)会在拦网后立即做相应的防守接应动作。

七、集体战术运用

排球高级阶段的集体战术,是在初级、中级阶段集体战术的基础上进行的。高级阶段要让每个人都能在集体配合中淋漓尽致地发挥个人特长,使集体战术更趋于完善、多样,使比赛更具观赏性。

(一)练习内容

(1)集体进攻战术:后排"插上"战术。

(2)进攻打法:4 号位高球→3 号位近体快→短平快→背快球→2 号位背溜球→前交叉进攻。

(3)集体防守战术:4 人接发球站位→双人拦网下的"心跟进"防守战术→攻防转换。

(二)基础要求

(1)了解排球竞赛规则。

(2)熟练掌握并能自如应用各项基本技术,适应攻防节奏。

(3)掌握正面上手发球、上手飘球。

(4)会扣调整球、3 号位快球、背快球、背溜球及前交叉进攻配合。

(三)技术要点与难点

(1)技术要点:快节奏的攻防转换;接重扣球的准备与迎球动作。

(2)技术难点:随时变换进攻与防守的节奏。

(四)练习方法

1.进攻练习

(1)一人隔网发球或抛球给 5 号位,5 号位垫球至前排,1 号位插上把球传给 2、3、4 号位队员进攻。

(2)一人隔网抛球给 4 号位,4 号位把球垫击至前排,二传组织 3 号位近体快,2、4 号位高球进攻(见图 5-10)。

(3)一人在 5 号位抛球,二传把球传给 2、3 号位队员打前交叉进攻(见图 5-11)。

(4)一人在 5 号位抛球,二传把球传给 3、4 号位队员打夹塞进攻(见图 5-12)。

(5)二传在 1 号位传调整球,前排 4 号位扣球。

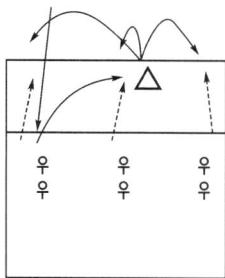

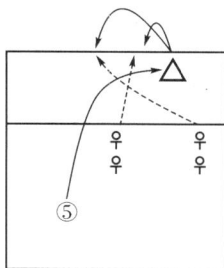

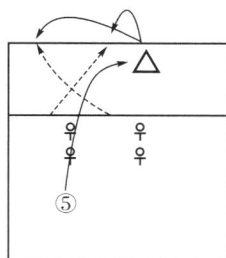

图 5-10　4 号位接球的 3 点攻　　　图 5-11　前交叉进攻　　　　图 5-12　夹塞进攻

2.防守练习

（1）2、4 号位背对网,用扣击形式击打给本方 1 号位或 5 号位防守队员,一队员把球防起后另一队员调整给 2 号位或 4 号位(见图 5-13)。

（2）2、4 号位背对网击打给本方 1、6、5 号位防守,防守起球目标是前排 3 号位,二传再传球给 2 或 4 号位继续击打(见图 5-14)。

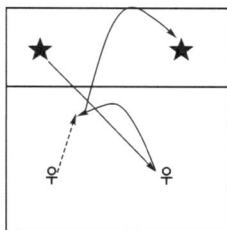

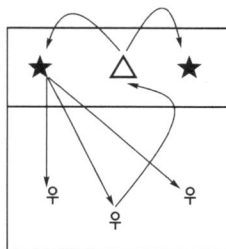

图 5-13　　　　　　　　　　　　　图 5-14

（3）对方隔网抛球给本方任何一个前排队员,本方前排队员接球给二传,二传传球给 2、3、4 号位队员进攻,对方连续抛球,本方连续接球、组织进攻。（反复练习）

（4）用“边一二”站位形式进行攻防练习。

（五)战术要求及注意事项(表 5-21)

表 5-21　战术要求及注意事项

技术项目	战术要求	常见问题	注意事项
集体进攻战术	1.插上战术,前排队员要掌握好换位后的进攻位置 2 后排插上时一传要到位,这样才能保证前排三点进攻 3.前排进攻时的跑动线路不能暴露得太早 4.进攻时前排队员相互之间要跑动掩护	1.二传插上时,影响接球队员的视线 2.反攻时插上的跑动时机把握不好,过早或过迟	1.接发球时,后排队员在插上过程中不要影响其他队员接球,应从接发球队员的右侧插上 2.插上时,在不影响其他队员接球的情况下,以最短的距离,最快的速度插上 3.插上队员要掌握好插上时机,跑动太早容易犯规,插上太慢又不易组织好进攻 4.进攻队员接一传时必须垫高球,给自己的助跑留有时间
集体防守战术	1.防守接球时要准确判断,迅速移动 2.前排队员扣球时,后排队员要及时跟上,其他前排队员要面对进攻队员,准备保护 3.全队要形成"一人扣球,全队保护"的意识 4.在防守过程中相互之间要补位	1.二传后排插上时,后排的防守位置容易乱 2.在双人或三人拦网时后排防守空档较大,补位困难 3.对本方进攻或拦网的保护意识不强,见球落地没有保护动作	1.前排队员拦网后要快速转身或后撤,准备击球 2.对方无攻的球一传要垫到位,抓住组织进攻的机会 3.防守时尽量做到正面对准来球 4.一传或防起的起球宜高不宜低
攻防转换	1.位置交换要在合适的时间段进行 2.进攻与后撤防守的移动要及时 3.身体要随球转动,眼观六路,耳听八方	1.对攻与防的转换比较慢 2.对进攻与防守时的来球判断较差	1.由防守转为进攻时的一传一定要垫高球,以便控制节奏 2.根据不同的来球以及进攻的战术意图要及时进行信息联络

(六)技术评价

排球高级阶段主要是以赛代练,所以实战应用能力会大大加强。具体自我评价要求如下:

(1)熟练掌握 2、4 号位高球,3 号位快球进攻打法。

(2)掌握 3 号位短平快、背快、背平快战术。

(3)在进攻战术配合方面,掌握前交叉的进攻战术。

(4)比赛中会扣调整球。

（5）场上及时进行战术打法的信息联络。

（6）会熟练处理各种不到位的网上球。

（7）熟练运用 4 人接发球,明确后排的位置分工。

（8）能进行前后排的换位进攻与专位防守。

（9）能自如运用"边跟进"及"心跟进"的防守战术。

⭐ **知识拓展**

"魔鬼教头"与中国排球

日本贝塚女排在 1964 年东京奥运会夺冠以后来华访问,11 月 23 日在与中国队进行首场比赛时,周恩来总理、贺龙、陈毅副总理出席观看了比赛,并接见了双方运动员。第二年 4 月周总理又特意邀请了大松先生和夫人来华。1965 年 4 月 15 日,一位中等个儿,健壮如牛的日本中年人来到了中国。他就是"魔鬼教头"大松博文,来华担任为期一个月的排球教练工作。

训练是在上海市南市体育馆进行的。这是一种马拉松式的大运动量训练。他分两班训练中国女运动员,先训练几个省队,然后训练联队。时间是从中午 12 点到晚上 10 点,后来又延长到晚上 12 点,甚至翌晨 1 点。大松的训练非常严格,严得人们都骂他"魔鬼大松"。特别是他创造的那种滚翻救球,使中国姑娘们摔得浑身上下青一块紫一块,腿一瘸一拐的,连站都站不稳。有的姑娘练到后来简直是瘫在地上动不了了。但大松还是一边叫,一边将球猛砸过去。第一次训练课,大松博文准备了 4 大筐排球,让队员们站成一排,一个接一个依次站出来练防守:大松将手里的球一个个连珠炮般地砸向队员四周的死角,迫使队员不得不一次次地倒地、翻滚着把球救起。其他的队员也不能闲着,到处跑着帮大松捡球,捡回来放到球筐里,再将球筐送到大松手里。于是大松手里的球源源不断,队员们的滚翻救球动作也是一个接一个,直到大松满意了,于是换下一个人。经常的情景是,队员救起一个球,还没来得及爬起来,大松第二个、第三个球又从不同方向砸过来,快得来不及反应。

一些被他训练过的姑娘,至今回忆起来还心有余悸。一位当年北京队的队员这样回忆道:"练到后来,我头发晕,眼发花,房子也旋转起来了。但我还得不停地去飞扑大松打来的球。"有一位山东姑娘实在忍受不了了,瞪圆了眼睛,大声骂道:"你这个鬼大松,我跟你拼了!"大松问翻译这个姑娘说什么。翻译机灵地告诉他:"她说,大松你练吧,我才不怕你呢!"其实,大松已经从姑娘圆瞪的双眼里听懂了她骂什么了,因为,在日本,那些女排选手也这么瞪着怒眼骂过他。训练进行了不到半小时,队员们就一个个被"魔鬼"训练搞得晕头转向,不少队员开始累得卧在地上,呕吐不止。但大松博文好像没有看见一样,手里的球依然重重地冲着趴在地上的队员砸过去，"咚咚"地砸在身上，嘴里还大声呵斥："起来。"

　　大松教练在中国执教的一个月时间里，平均每次训练课5小时，共用了130多种方法，重点训练防守，也练了扣、拦、调及二传、发球等全面技术。虽然时间较短，战术配合练得比较少，但是大松博文的这段训练仍然为中国女排日后的崛起打下了良好的基础。中国排球不应忘记这样一位教头。

大松博文在训练中国女排选手

学以致用

1. 不论何种姿势发球都必须做到的是什么？

2. 正面双手垫球技术的练习方法有哪些？

3. 正面双手传球练习要注意哪些问题？

4. 集体拦网时要注意什么问题？

5. 初学垫球时易犯哪些主要错误？如何纠正？

第六章 气排球运动

★☆ **应知导航**

气排球运动是 1984 年由呼和浩特铁路局首先开展起来的一项体育活动,虽然是由老年人兴起的一项运动,但经过三十年的发展,已涉及全国各个领域、各个年龄阶层,是一项集全民健身、休闲、娱乐为一体的排球分支项目。本章介绍了气排球项目的基本技术、比赛方法及基本要求。通过对本章内容的学习,可以了解气排球运动的技术特点、基本打法,有利于高校开展该项运动。

第一节 气排球运动起源与发展

一、气排球运动的起源

气排球运动是一项集运动、休闲、娱乐为一体的群众性体育项目,它是由 6 人制排球延伸出来的一项新的体育运动项目,如今已经受到越来越多人的喜欢。气排球运动可是纯粹的"中国制造",是我国土生土长的一项群众性排球运动。1984 年,我国呼和浩特铁路局集宁分局为了开展老年人体育活动,在没有规则限制的情况下,组织离退休职工用气球在排球场上打着玩。由于气球过轻且易爆,他们将两个气球套在一起打,最后又改用软塑球。随后又参照 6 人制排球规则制定了简单的比赛规则,并将这种活动形式取名为"气排球运动"。

二、气排球运动的发展

1991 年,在北京举行的全国铁路老年体育工作会议上决定在全路老年人中推广气排球。火车头老年体协依据排球规则,编写了第一本《气排球竞赛规则》,并在上海特制了比赛用球。

1992 年 3 月,在石家庄举办了第一期全路气排球学习班。同年 11 月,在武汉举行了首届全路老年人气排球比赛,共有 7 支男队和 6 支女队参赛。

1993 年 3 月,火车头老年人气排球协会在北京正式成立。同年 7 月全路第二届老年人气排球赛分别在齐齐哈尔和锦州举行。从此,一年一届的老年人气排球赛在全路形成。于是,这便成就了现在大红大紫的气排球。随后国务院全民健身办公室把气排球纳入全民健身的活动内容,全国老年体协也明确要将气排球运动向全国推广。目前气排球运动风靡全国各地,正逐步向机关、学校、工厂、农村等各行业渗透,各系统纷纷举办气排球比赛,民间自发组织的气排球比赛更是蓬勃展开,参加的对象已向各个年龄阶层延伸,始于老年人的这项运动也受到了中青年、大学生以及中小学生排球爱好者的青睐。

三、气排球运动的特点

(一)气排球运动的广泛性

气排球适应范围广、质地轻柔、手感舒适、击球方法多样,对运动技术、身体素质和年龄性别要求不高,是一种简单易学、容易掌握的运动,适合不同年龄阶段人群。

(二)气排球运动的娱乐性

气排球运动具有较强的休闲观赏和趣味性,易学、好玩,而且规则的限制更加具备连续进攻的特点,增加击球往来的次数和精彩性。可以采用男女分赛制,也可采用男女混合制。打起来轻松快乐,激发参与者的乐趣。

(三)气排球运动的安全性

气排球具有球体大、重量轻、质地软、运动缓、易控制等特点,撞击力小,击球方式较为简单随意。所以,在活动中比较安全,触球时不用担心手指的受伤和手臂的疼痛,从根本上消除了人们对排球垫击时手臂疼痛的恐惧心理。

(四)气排球运动的延长性

气排球运动的项目特征和技术特点,决定了这是一项老少皆宜的锻炼项目,适宜于学生时期,同样适宜于中老年阶段,并且每个阶段都有其独特的趣味性与特点,是终身体育锻炼的理想项目。

第二节　气排球运动基础知识

气排球运动是一种小型化、轻便化的新型排球运动,基本内容、比赛方法、竞赛规则都建立在室内 6 人制排球基础上,它保留了传统排球的特征,具有减重、减速、降低网高、缩小场地、适当放宽规则等特性,是一种竞技健身性的大众化体育运动项目。本节介绍的是其特有的场地器材设备与运动规则,与硬排球相同的内容请参考 6 人制排球。

一、气排球运动场地器材与设备

（一）场地设施

比赛场地为长 12 米、宽 6 米的长方形。其四周至少有 2 米宽的无障碍区，从地面向上至少有 7 米高的无障碍空间。

（二）器材设备

1. 球。

气排球由软塑料制成。比赛用球重约 100～150 克，圆周 79～85 厘米，球的颜色为黄色、白色或彩色。

2. 球网。

球网的构造与架设与硬排基本相似，不同的是网的长度是 7 米、宽 1 米，男子网高 2.1 米，女子网高 1.9 米。（老年组：男子球网高度 2 米、女子球网高度 1.8 米）

3. 标志杆的要求与作用也与硬排一样。

二、气排球运动比赛方法

（一）比赛形式

目前气排球比赛形式有两种，一种是 5 人制比赛，每队上场 5 人，前排 4 号位、3 号位、2 号位，后排 5 号位、1 号位（见图 6-1）。另一种是 4 人制比赛，每队上场 4 人，前排 3 号位、2 号位，后排 4 号位、1 号位（见图 6-2）。两者比赛的方法是一样的，部分规则不一样。

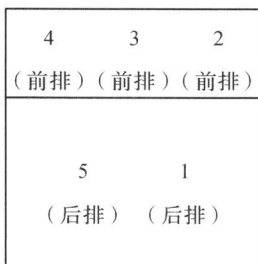

图 6-1

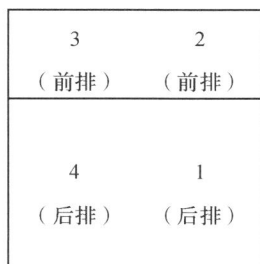

图 6-2

（二）比赛方法

1. 比赛是在被网隔开的两个 6×6 米的场区内进行，运动员在规则允许的范围内，以身体的任何部位，将球从网上有效区域内击入对方场区，而不使球在本方场区内落地。比赛开始由场上的 1 号位队员在发球区发球，每方在 3 次内（除拦网外）击球过网，同一队员不能连续击球，比赛不间断进行，直至球落地。发球队发一球后，不论是否得分，场上站位必须按顺时针方向轮转,由原来的 2 号位队员轮到 1 号位发球,同一队员不能连续发球。

2.比赛采用每球得分制和三局二胜制。

胜一球:当一方失误或任何其他犯规时,另一方得一分,并持有发球权。

胜一局:三局二胜制比赛,前二局的比分为 21 分,当比分为 20∶20 时,先获得 21 分的队即获得该局胜利。决胜局为 15 分,先得 15 分并同时超过对方 2 分的队获胜。

胜一场:三局两胜制比赛,胜二局的队胜一场。

第三节　气排球运动基本技术

一、气排球技术的分类与特点

（一）气排球技术的分类

气排球运动是排球项目的分支,技术的分类方法与室内 6 人制排球是一样的,也分为无球技术和有球技术两大类。有球技术中发球、传球、扣球、拦网四项技术的动作和作用与硬排是一样的,垫球在硬排已有的技术基础上有一些创新,即挡搬垫球、捞球、捧球、抓球、单手托球,统称为垫击球。本节着重介绍这些创新动作,其他技术动作参考第三章第二节至第七节内容。

（二）气排球技术的特点

(1)气排球比赛中,只要不把球接住再抛出,可以采用多种击球方法。

(2)各种技术动作都是球在空中飞行时完成,身体各部位都能触球。

(3)大多技术具有攻防二重性,如传球、垫球和拦网。

(4)由于气排球球体轻易飘晃,运动轨道不稳定,较难控制球的方向。

（三）气排球与硬排球垫球技术动作比较（表 6-1）

表 6-1　硬排与气排垫击球技术对照表

类　型	创新技术	常用技术	实用率较高技术
硬式排球		正面垫球 背面垫球 体侧垫球 倒地垫球 挡球	正面垫球

类　型	创新技术	常用技术	实用率较高技术
气排球	挡搬垫球 捞球 捧球 抓球 单手托球	正面垫球 背面垫球 体侧垫球 倒地垫球 挡球	挡搬垫球

（四）气排球技术的要求

1.全攻全守

气排球比赛场上只有 5 名队员,规则规定每次发球都要轮转,队员在场上位置轮转较快,而且场上队员的配备不能像室内硬排那样有较固定的二传与攻手的明确位置分工,因此每一名上场队员都要有全面的技术,具备"全攻全守"的能力。

2.技术多样化

气排球相对室内硬排而言,球体大而质地轻,易飘晃。所以在比赛时,不能完全"克隆"室内硬排的各项基本技术,比赛中除了运用硬排的传、垫球技术,更多的应该采用"捧""托""捞"等非正规击球动作完成击球,这样控制球的效果更好。

3.技术体现灵活多样

气排球运动场地小网低,比赛中双方会让球快速过网,给防守的判断移动造成一定难度。所以场上队员要随机应变,善于运用灵活多样的技术动作击球。

4.进一步发展完善

气排球运动仅有 30 年左右的历史,各项基本技术的发展完善和定型还未完成,随着气排球运动的进一步推广和普及,其竞技性必然会得以加强,气排球将会形成自身独特的技术体系,从而面向大众作为全民健身运动的重要项目。

二、气排球垫击球技术动作

（一）挡搬垫球

1.动作方法

(1)准备姿势:面对来球,两脚左右开列与肩同宽,成半蹲或稍蹲姿势站立,两肘自然弯曲于体前。

(2)迎球:两手掌根相对,一只手五指分开,手心向上,插入球底托住来球。另一只手五指分开,手心向着来球方向,迅速扶住来球外侧并挡住来球。

(3)击球用力:击球瞬间,两手呈挡搬姿势,前臂上抬,利用托、翻、顶的合力将球挡搬击出(见图 6-3)。

图 6-3　搬挡垫球

2. 技术特点与应用

击球点可高可低,容易控制球的落点和方向。运用广泛,可用于接发球和各种防守。

(二)捞球

1. 动作方法

(1)准备姿势:两脚自然开立,成半蹲准备姿势,两臂曲肘置于腹前。

(2)迎球:来球时,前臂前伸,掌心朝上,两手型成一个平面。

(3)击球用力:击球瞬间,两手插入球底部,托住来球,前臂上抬,靠两手触球捞住来球并击出(见图 6-4)。

图 6-4　捞球

2.技术特点与应用

捞球动作一般用于膝关节上下及腰腹以下或左右两侧的来球。气排球捞球技术是垫球技术的重要补充,特别适用于速度快的低球。

（三）捧球动作

1.动作方法

（1）准备姿势:两脚自然开立,成半蹲准备姿势,上体稍前倾,两臂弯曲置于腹前。

（2）迎球:来球时,前臂前伸,两手掌心朝上形成一个平面,手腕后仰。

（3）击球用力:击球瞬间,两掌心插到球后部捧住来球,靠前臂、手腕手指力量击球（见图6-5）。

图 6-5　捧球动作

2.技术特点与应用

捧球动作击出点一般在身体腹部前方,特别适用于对方速度快的追身球。

（四）抓球动作

1.动作方法

（1）准备姿势:两脚开立,成稍蹲准备姿势。上体稍前倾,手臂弯曲于腹前,五指张开,掌心斜向上,掌心相对成半球形。

（2）迎球:来球时,两臂前伸,两手夹住来球的外侧。

（3）击球用力:利用双手、手腕的捧、抬的动作将球击出（见图6-6）。

2.技术特点与应用

抓球动作击球点一般在腰部以下正前方位置。用于对方攻击过来的一般球,特别是网前接吊球,也可以作为组织进攻的方法。

图 6-6　抓球动作

（五）单手托球

1. 动作方法

（1）准备姿势：两脚自然开立，成稍蹲准备姿势，上体稍前倾。

图 6-7　单手托球

（2）迎球：来球时，掌心向上，五指自然张开，前臂主动迎球，置球于掌心上。

（3）击球用力：击球时，全手掌击球的下部，靠手指手腕力量将球托起（见图 6-7）。

2. 技术特点与应用

单手托球在气排球垫球中主要用于近距离快速送球的技术动作，常用于攻防短距离接送球，但稳定性较差。初学者较容易掌握。击球位置可在腹部以下。主要用于飞行在腰部左右的轻球，单双手均可使用。

第四节　气排球运动基本战术

气排球运动基本战术与硬排战术基本一样,都有个人战术和集体战术。但由于气排球的球体、比赛场地及参与人数的不同,所以在防守站位及进攻方法上各有不同。个人战术的内容参阅第四章第二节排球运动个人战术。本节着重介绍气排球集体进攻战术和集体防守战术内容。

一、阵容配备

比赛队伍根据临场战术需要和本队实际情况,合理地安排和组合队员,以便最大限度地发挥场上每个队员的技战术特长和作用。比赛中常用的阵容配备有"三二"配备、"四一"配备和四人制的"三一"配备等组织形式。本章着重介绍五人制气排球。

1."三二"配备

场上安排 3 名进攻队员 2 名二传队员。2 名二传队员可站在前排 3 号位,后排 1 号位或 5 号位。这是目前最常用的配备方式(见图6-8)。

优点:二传与攻手的数量搭配比较合理,便于组织"中二传"进攻。

缺点:会出现 2 名二传队员都在前排的轮次。

2."四一"配备

场上安排 4 名进攻队员 1 名二传队员。

优点:二传与攻手分工明确,攻击点多。

缺点:对二传队员的体能要求比较高。

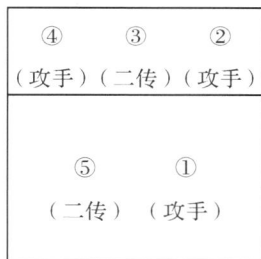

图 6-8

二、进攻战术

气排球的进攻阵型与室内硬排的站位基本相似,有"边二传"、"中二传"、"插上"三种战术阵型。

(一)"中二传"进攻阵型

"中二传"是指由前排中间队员作二传,把球传给前排 2、4 号位或后排进攻的组织形式。中二传进攻阵型是气排球最基本的进攻阵型,其特点是二传队员在中间,一传容易到位,战术可简可繁,适合不同技术水平的球队。技术水平较低的队,可以组织前排 2、4号位扣球,技术水平较高的队可组织前后排及各种战术进攻(见图6-9)。

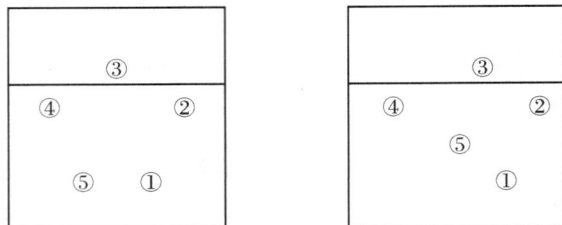

图 6-9 "中二传"站位

(二)"边二传"进攻阵型

"边二传"进攻阵型是指由前排靠边线的队员做二传,将球传给前排 3、4 号位或 2、3 号位队员进攻的组织形式。边二传进攻阵型也是基本的进攻阵型,其特点是二传队员靠近边线,对一传的要求较高,但战术变化多,同样适合不同水平的队(见图 6-10)。

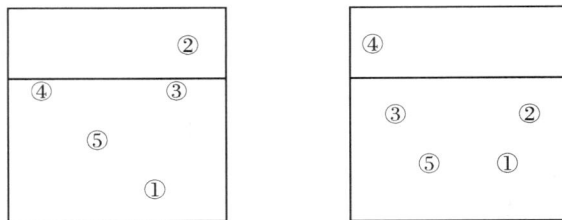

图 6-10 "边二传"站位

(三)"后排插上"进攻阵型

由站在后排的二传队员在对方发球后,迅速跑到网前担任二传,将球传给前排 2、3、4 号位或后排进攻的组织形式(见图 6-11)。

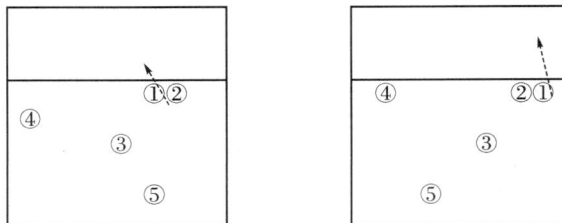

图 6-11 后排插上

三、进攻打法

气排球进攻打法与硬排基本相似,有集中进攻、拉开进攻、围绕进攻、调整进攻、快球掩护进攻及二次攻。此处不再展开,请参考第四章第三节。

四、防守战术

(一)接发球站位阵型

气排球接发球阵型一般有 5 人接发球和 4 人接发球两种。

1.5 人接发球阵型

这种接发球阵型只适合于接球能力较差,需二传后撤接球的队。优点是多人参与接发球,相对保证接球的质量;缺点是不利于快速组织进攻(见图 6-12)。

2.4 人接发球阵型

4 人接发球是二传不参与接发球,其余 4 人各负责一块区域。站位方式有 1－2－1－1 或 1－2－2。这是目前大多数球队采用的站位方式。优点是有利于快速组织进攻,缺点是场区内有一块空档(见图 6-13)。

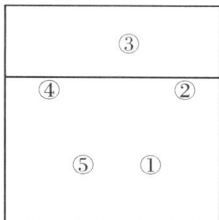

图 6-12　5 人接发球　　　　　　　图 6-13　4 人接发球

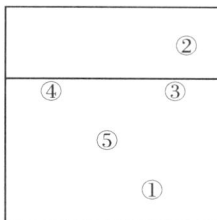

(二)接扣球站位阵型

接扣球防守包括拦网、后排防守两个环节。其中拦网是第一道防线,可以起到遏制对方的进攻能力,减轻后排防守压力,为反攻创造机会的作用。

1.无拦网防守阵型

比赛中,有时对方战术变化较多,本方拦网受挫导致无人拦网。在这种情况下只能根据临场变化灵活取位,力争把球防起。站位方式似接发球站位。

2.单人拦网下的防守阵型

单人拦网下的防守阵型,一种是在对方进攻威力不大、线路变化不多,或因受对方战术迷惑,来不及组织集体拦网时与对方扣球队员相对应位置的队员进行拦网的防守阵型。另一种阵型是不论对方哪个位置进攻,都是本方 3 号位拦网(见图 6-14)。

3.双人拦网下的防守阵型

当对方进攻威力较大、线路变化较多时,单人拦网不足以阻拦对方的进攻,此时应采用双人拦网防守阵型。双人拦网时前排 3 号位队员与本方 2 号位或 4 号位队员并网组成双人拦网,防守阵形有两种:一种是 1 号位跟进保护,另一种是 4 号位内撤保护(见

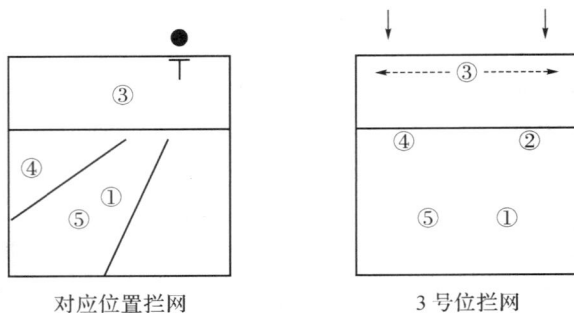

对应位置拦网　　　　　　3号位拦网

图 6-14　单人拦网防守阵型

图 6-15）。

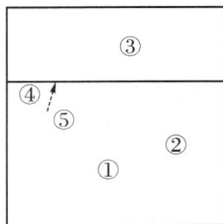

图 6-15　双人拦网防守阵型

4.三人拦网下的防守阵型

在对方扣球队员攻击性强、线路变化多、吊球少时采用,主要是拦对方的强攻(见图 6-16)。

(三)接拦回球防守阵型

随着气排球运动的发展,运动员技战术水平的提高,扣球被直接拦死或拦回的比例逐渐增大,所以接拦回球的防守也十分重要(见图 6-17)。

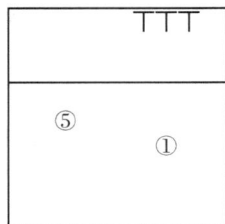

图 6-16　三人拦网防守阵型　　　　图 6-17　接拦回球防守阵型

(四)接传、垫球防守阵型

当对方无法组织有力的进攻,被迫将球传、垫挡过网时,本方的防守阵型与 4 人接发球防守阵型相同,前排除二传队员在网前外,其他队员都迅速后撤,准备接球后进攻。

第五节　高校开展气排球运动的有利因素

气排球运动作为一项新兴的体育运动,如今已经受到越来越多的人喜欢,其运动强度适中,技战术要求难度低,球速慢、来回球多,趣味性强,尤其是场地不拘形式,器材经济实惠,适合于各种条件的高校开展。

一、气排球球体的特性吸引学生

气排球球体轻、质地软、安全性高,长时间练习也不会有疼痛感,而且技术要求低,击球花样多,活动量可大可小,更符合现代学生心理、生理特征和要求,逐渐成为学生们喜爱的健身项目。长期参与排球活动可以提高各种运动素质,塑造良好的人体体型。许多排球运动员的体型是爱美女生心中的完美身材。但是由于硬式排球技术要求比较高,学校教学用球质地比较硬,球击在手上有疼痛感,一部分学生因为怕痛,阻碍了参与的积极性,也影响了学校排球运动的普及与提高。因此气排球项目以其特有的球体特点吸引学生,不失为充实排球运动项目的教学分支。

二、符合终身体育锻炼项目

学生阶段的体育锻炼,一方面是为了身体生长发育的需要,另一方面也是为终身参与体育锻炼打好基础。参与气排球运动可延长参加排球运动 20～30 年,是终身体育锻炼项目之一。排球的诞生之初是为了大众娱乐的需要,是属于大众文化生活的内容。气排球归于排球家族的娱乐类项目,属于排球的软化项目,其发展突破了行业界限和年龄界限。气排球以其自身的特质,填补了排球文化的内容。它既区别于排球的其他项目,又能融合于排球家族之中,是现代社会中人们调节心理压力的休闲娱乐内容,其价值、功能和作用正在被越来越多的人所认识。

三、安全易学

气排球运动的技、战术要求较低,规则更有弹性。以娱乐为主的比赛,网的高度与参加的人数可以灵活掌握,即使从未参加过气排球运动的人,也能很容易加入到气排球的竞技性比赛中,适合业余体育爱好者。规则规定任何队员的任何身体部位都允许触球,对击球的限定比较宽松;任何人都可以在 2 米线后,将任何高度的球做出进攻性击球;比赛中只要不把球接住后再抛出就不算犯规,取消了"持球"的概念。这些宽松的规则限定,使每一个参与气排球运动的人都能迅速上手,掌握技巧。

知识拓展

网上飞人——汪嘉伟

20世纪70年代末和80年代初，当时的中国男排汇集了一批优秀队员。其中，被评为"世界最佳快攻手"的汪嘉伟在训练中偶然发明了当时令世界各国都为之震惊的"前飞"和"背飞"打法。排球场9米宽的网口上任意一处都能成为汪嘉伟的进攻火力点，他利用空中位移掩护，摆脱对方高大拦网，以超群的弹跳力和滞空能力打出了"短平快"、"背快"、"前飞"、"背飞"等不少技战术，从起跳到落地横向移动距离达3米02，被称为"网上飞人"。1981年中国男排出访巴西和欧洲时，汪嘉伟彻底打活了网前的2、3、4号位，让世界再一次记住了这位"网上飞人"。

学以致用

1. 气排球运动的特点有哪些？
2. 气排球技术与硬排技术相比较有哪些特定的技术动作？

第七章　气排球基本技战术运用及评价

类同的技术,不同的特点,气排球的技术看似轻松,飘飘洒洒、忽忽悠悠。但是要控制好球不太容易。想要达到熟练驾驭这个球,必须经过刻苦练习。本章着重介绍初、中、高不同等级的练习方法,以及要达到相应级别的不同要求。通过对本章的学习,能让练习者系统地了解气排球的练习方法,达到熟练掌握基本技术的目的,真正体会气排球运动所带来的乐趣。

第一节　初级气排球技战术运用及评价

由于气排球项目是从排球项目中延伸出来的,其绝大部分技术动作和比赛规则都依照排球项目而来,技术动作、练习方法和技术评价,都与硬排相似,学习过程中可以参照第五章排球技、战术运用及评价中相对应等级的练习方法与要求进行,在这一章节中不再重复。

一、准备姿势和移动

(一)学习内容与练习步骤

(1)学习内容:半蹲准备姿势、稍蹲准备姿势;并步移动、滑步移动、交叉步移动、跑步。

(2)练习步骤:了解准备姿势和移动的目的、作用、动作方法及各种动作的异同点。在练习时由易到难,先学习最基本的半蹲准备姿势→再学习稍蹲准备姿势;移动步法按并步、跨步的顺序进行→再进行交叉步和跑步的练习。

(二)技术要点与难点

参考第五章第一节(准备姿势和移动)。

（三）练习方法、纠错方法

可参考第五章第一节（准备姿势和移动）。

（四）技术应用特点与注意事项

1.气排球比赛的移动步幅偏小距离偏短，以两三步的移动最多，但要使身体时刻保持微动状态。

2.球的飞行速度偏慢，防守时可以用捧球、捞球等技术动作，所以准备姿势重心可以偏高一些。

3.由于球在飞行过程中阻力较大，抛物线短并易下沉，所以场上的移动要靠近球。

4.气排球网比较低，被拦回的球速度快，距离短，所以在保护扣球时要用低姿势。

5.在实战应用中，"捧、抬、托、捞"的动作运用较多，所以移动时双臂要屈肘放在身体的两侧，不要下垂。

6.在移动时，脚、身体与双臂协调配合，移动不是看脚步的移位，更重要的是身体要到位。

7.初级练习时的球弧度比较高，所以准备姿势双臂位置要偏高一些。

（五）技术评价

气排球的技术要求虽然有其特殊性，但基本的动作要求与硬排是相同的。准备姿势和移动都是在击球前的技术动作。具体要求等同于硬排的对应级别。

二、发球

（一）学习内容与练习步骤

1.学习内容：侧面下手发球；正面上手发球。

2.练习步骤：抛球练习→徒手挥臂练习→结合球练习→稳定性练习→攻击性练习。

（二）技术要点与难点

1.技术要点：抛球，挥臂击球的吻合点。

2.技术难点：控制球的力量与方向。

（三）练习方法、纠错方法

参考第五章第一节（发球）。

（四）技术应用特点与注意事项

1.气排球球体轻，挥臂击球很容易过网，但球易晃动且容易出界，所以一定要控制好击球的力度，控制好击球点。

2.发上旋球时击球动作要压腕。

3.抛球不要太高但要稳。

4.击球手法不同，球的性能也会改变，注意击球手法。

（五）技术评价

1.基本掌握发球技术动作,把球发过网。

2.掌握整个发球的节奏,包括抛球稳、挥臂快、击球准。

3.男生学会正面上手发球;女生先掌握下手发球,然后再练习正面上手发球。

三、垫击球

气排球垫击球技术中的垫球技术,参考第五章第一节(垫球)。气排球特有的击球技术参照下面的练习方法。

（一）学习内容与练习步骤

1.学习内容:正面垫球;体侧垫球;抓球;单手托球。

2.练习步骤:熟悉球性→学习挡搬球动作→练习正面垫球→侧面垫球→抓球→单手托球。

（二）技术要点与难点

1.技术要点:击球手型和球感。

2.技术难点:控制球的方向。

（三）练习方法

1.每人一球,向左、右、前、后移动垫球。

2.每人一球,对墙抛球后练习捧、挡、抬、捞的动作。

3.两人一组,一人向左、右、前、后抛球,另一人移动垫球。

4.两人一组,一人抛球,另一人做捧、挡、抬、抓住球及单手托球练习。

5.两人一组相距6～8米,一人发球另一人接发球。

（四）技术应用特点与注意事项

1.气排球球体大阻力也大,球易下沉,正面垫球时手臂要前伸,防止球垫到手指上。

2.硬排球的击球主要以垫球为主,气排球的击球以挡搬球技术为主。

3.挡搬球动作应用较广,不同高度的球都可以用这项技术,包括二传,要多加练习。

4.气排球场地小网低,球的飞行过网距离较短,应对各种来球的动作速度要快。

5.球容易产生飘晃,球垫击的方向与轻重较难控制。

6.气排球的垫球技术比较多样,在击球过程中只要不抓住球,任何击球动作都是允许的。

7.练习时应多用双手捧、抬的动作。

8.用垫球动作击球时球容易改变方向,所以垫球时手臂一定要插入球下。

（五）常见错误与纠正方法

气排球中的垫球技术常见错误与纠正方法请参考第五章第一节至第三节中的垫球。下面显示的是气排球击球动作中特有的技术动作常见错误及纠正方法(表7-1)。

表 7-1　常见错误与纠正方法

技　术	常见错误	原　因	纠错方法
垫击球	手臂击球点偏低	球易下沉,手臂没有插入球下	多练习各种性能的来球,手臂要充分前伸
挡搬球	挡搬球时手型太小	手指触球面积太小	两手上下角度稍大手指张开
单手托球	单手托球手型僵	没有充分利用手指、手腕用力	击球前手腕要后仰,利用屈腕动作将球击起

（六）技术评价

初级气排球垫击球评价要求如下:

1.对各种不同高度、不同力量的来球,能做出相对应的击球动作。

2.充分了解球的性能,正确掌握气排球的捧、抬动作。

3.垫击球时要做到直臂,击球部位必须在小臂上。

4.两人对垫或对捧抬时,球的高度要达到2.5米左右。

四、二传球

（一）学习内容与练习步骤

1.学习内容:正面上手传球。

2.练习步骤:熟悉球性→正面上手传球→挡搬球。

（二）技术要点与难点

1.技术要点:击球手型。

2.技术难点:球在手上的缓冲时间。

（三）练习方法、纠错方法

可参考第五章第一节（传球）。

（四）技术应用特点与注意事项

1.二传除了用正面上手传球动作,另外还可以用挡搬球动作来组织进攻。

2.由于气排球网的高度低,场地小,二传的传球高度不能太高。

3.气排球的进攻点是在距中线2米处起跳,二传不能传太靠近网的球。

4.传球技术在二传和防守中运用较多,所以动作一定要具稳定性。

5.由于球体大又轻球容易晃动,所以两手手型也要大一点以增加接触面。

6.练习时要注意传球动作的连贯性及协调性。

7.球在手中只要不持住或抛出,在手上的缓冲时间可以充分一点。

（五）技术评价

1.对高弧度的来球能自如地运用传球动作。

2.两人对传高度能达到 3 米。

3.会运用传球处理网前球。

五、扣球

（一）学习内容与练习步骤

1.学习内容：正面扣球、吊球。

2.练习步骤：徒手助跑起跳→徒手挥臂动作→原地扣球→助跑扣球→吊球。

（二）技术要点与难点

1.技术要点：助跑起跳节奏与起跳点。

2.技术难点：挥臂与手掌包球。

（三）练习方法、纠错方法

可参考第五章第一节（扣球）。

（四）技术应用特点与注意事项

1.气排球适宜扣低弧度球，因此助跑的步幅宜小，往往以小步调整助跑节奏与起跳位置，有时一个踮步就可以起跳。

2.原地站立起跳扣球也是一种方法。

3.扣球练习要先分解再组合，再做完整动作。

4.扣球练习要先易后难，先扣抛来的球再扣传来的球，先轻扣后重扣。

5.由于场地小球体大又轻，所以扣球时一定要用全手掌包球并压腕，不然容易平飞出界。

6.气排球飞行轨迹不稳定，进攻点在 2 米线后，手腕手掌的控球能力很关键。

（五）技术评价

1.掌握完整的助跑起跳扣球动作。

2.能助跑或原地站立扣 2 米线附近的高球。

六、拦网

（一）学习内容与练习步骤

1.学习内容：单人拦网。

2.练习步骤：原地徒手伸臂练习→起跳伸臂练习→手腕拦截球练习。

（二）技术要点与难点

1.技术要点：起跳时间。

2.技术难点：取位与手腕动作。

（三）练习方法、纠错方法与技术评价

可参考第五章第一节（拦网）。

（四）技术应用特点与注意事项

1. 要先进行徒手拦网练习，然后再结合扣球拦网练习。

2. 对方扣球是在2米线后，本方拦网时手不能伸过网，拦网手与球的距离较远，注意手型要大，起跳不能太早。

3. 手臂在本方上空，拦截时球易落在手与网之间。

4. 拦网的起跳、伸臂、拦截每一个环节都要衔接好，但最主要的还是起跳的节奏要踏准。

七、集体战术运用

初级阶段集体配合是采用5人制比赛，战术练习主要围绕能进行比赛为目的。重点是强调比赛中的相互保护。

（一）基础要求

1. 基本掌握气排球的各项基本技术，熟练垫击球技术。

2. 具备比赛场上的相互协作能力、保护意识。

（二）练习方法

可以参考本书第五章第一节（集体战术运用）。

（三）配合要求及注意事项（表7-2）

表7-2　配合要求及注意事项

技术	配合要求	常见问题	注意事项
集体进攻配合	1. 在"活球"状态下，每个队员都要做好进攻性击球的准备 2. 可以用垫球、捧球动作替代传球	1. 由防守到进攻的脚步步划混乱 2. 2米线前的高球处理不当，过网时没有抛物线造成犯规	1. 扣球时除采用正常的助跑起跳外也可以采用原地站立扣球、原地起跳扣球 2. 对2米线前的球处理特别要注意，球的飞行一定要高于出手高度
集体防守战术	1. 每个到身边的球都要主动去接 2. 两人之间的球要及时提醒对方	1. 准备不充分，站着看别人打球 2. 场上不主动击球，出现让球现象	1. 场上4人接发球位置站位要合理，不能重叠，前、后、左、右的距离要分配合理，不能站偏 2. 当后排队员垫球时，前排队员要转身看球 3. 实战练习时，场上要及时提醒，相互保护

（四）技术评价

初级气排球在学会垫击球的基础上可进行比赛演练，在比赛中会简单的配合，注重相互间的保护。评价要求如下：

1.从自垫、对垫到五人的配合，在技术上是一种质的飞跃，从中要学会相互保护、相互帮助。

2.场上的每一个队员都会用传球、挡搬球、捧球动作组织进攻。

3.比赛中能扣4号位高球。同时会拦截对方的扣球。

4.比赛中只要球未落地，身体都要做好准备击球的姿势。

5.明确4人接发球站位的要求。

6.在比赛中身体要随球转动，并随时做好击球准备。

第二节　中级气排球技战术运用及评价

一、准备姿势和移动

（一）学习内容与练习步骤

1.学习内容：低蹲准备姿势；跨步移动、跨跳步移动。

2.练习步骤：低蹲准备姿势→结合球进行半蹲准备姿势与移动的防守。

（二）技术要点与难点

1.技术要点：控制重心。

2.技术难点：身体重心与击球动作的协调配合。

（三）练习方法、纠错方法与技术评价

参考第五章第二节（准备姿势和移动）。

（四）技术应用特点与注意事项

1.中级气排球的准备姿势和移动要结合球进行练习，以不同的姿势应对不同的来球。

2.除了防重扣球，准备姿势重心不需要太低。

3.移动的目的是为了击好球，所以击球前必须先移动到位。

4.人要始终处于微动状态，站立不能太稳。

二、发球

（一）学习内容与练习步骤

1.学习内容：正面上手发飘球；正面上手大力发球。

2.练习步骤：掌握正面上手发球→学习正面飘球→找点发球。

（二）技术要点与难点

1.技术要点：巩固击球点。

2.技术难点：手腕控制力。

（三）练习方法、纠错方法

参考第五章第二节（发球）。

（四）技术应用特点与注意事项

1.球的特性导致击球稍用力就易出界，因此手要包球或击球后急停。

2.发飘球时，接触面不宜太大，时间短促，控制好力度以免球出界。

3.抛球要稳不宜太高。

（五）技术评价

气排球中级发球技术评价要求如下：

1.每人必须掌握一项比较熟练的发球技术。

2.能基本控制直线或斜线的发球方向。

三、垫击球

（一）学习内容与练习步骤

1.学习内容：低姿势垫球；背垫球；捧球。

2.练习步骤：熟练正面垫球技术、挡搬球技术→学习低姿势垫球→背垫球→捧球技术。

（二）技术要点与难点

1.技术要点：低重心的垫击。

2.技术难点：控制重心与协调用力。

（三）练习方法（在掌握初级练习方法的基础上再练习以下内容）

1.两人一组，相距3～4米，一人抛球于对方腰间，另一人"挡搬"击球。

2.两人一组，相距4～5米，一人扣击于对方腰间，另一人"挡搬"击球。

3.两人一组，相距3～4米，一人抛轻球至对方膝关节高度，另一人"捧捞"击球。

4.两人一组，一人抛球，另一人左、右跨步低姿捧捞球。

5.两人一组，一人击扣，另一人左、右、前低姿垫球。

6.两人一组打防调，一人击扣，一人防守另一人调整。

（四）技术应用特点与注意事项

1."挡搬"与"捧捞"击球时，可以搬动球但不能在手上持球。

2.在练习垫击球时尽量多用"挡搬"与"捧捞"动作。

3.在防对方扣球时，也用"挡搬"与"捧捞"动作。

4.低姿跨步垫球要脚步先移动到位，手臂向前伸。

5.不要惧怕对方的扣击球。在做挡搬、捧捞动作时,可以让球在手上作适当缓冲。

(五)常见错误与纠正方法(表7-3)

表7-3　常见错误与纠正方法

技　　术	常见错误	原　　因	纠错方法
垫击球	垫球不到位	击球时身体重心偏后	击球时身体要主动向前上方迎球,手型要大,击球时用手指、手腕向上挑
捧球	捧球不稳	捧抬动作手型太小手指太僵	

(六)技术评价

1.对所有击球动作具有一定的稳定性。

2.把挡搬球动作广泛运用于击球中。

3.能把低姿垫球运用在后排防守中。

4.能用挡搬球动作组织进攻。

四、二传球

(一)学习内容与练习步骤

1.学习内容:背面传球。

2.练习步骤:掌握正面及侧面传球→学习背传→组织各种进攻的传球练习。

(二)技术要点与难点

1.技术要点:手型及控球能力。

2.技术难点:手型触球面及出手的方向控制。

(三)练习方法、纠错方法

参考第五章第二节(传球)。

(四)技术应用特点与注意事项

1.传球手型接触面要大一些,以控制球的方向与高度。

2.背传球击球点要在头顶上方。

3.二传时要多运用挡搬球动作组织进攻。

4.组织进攻的球不要太高。

(五)技术评价

中级阶段的传球,更多地体现临场组织进攻能力。其技术评价如下:

1.能运用传球或挡搬球技术组织进攻。

2.能传远距离球。

3.会用传球技术进行防守。

五、扣球

(一)学习内容与练习步骤

1.学习内容：3号位扣球；2号位扣球。

2.练习步骤：熟练掌握4号位扣球→学习3号位扣球→2号位扣球。

(二)技术要点与难点

1.技术要点：根据不同的来球及时调整助跑节奏与位置。

2.技术难点：起跳点与手腕的甩腕控球。

(三)练习方法、纠错方法

可参考第五章第二节(扣球)。

(四)技术应用特点与注意事项

1.扣低弧度的球要注意节奏,高弧度的球要注意控制方向。

2.扣球时要压腕,注意手腕的控制力。

3.扣球应在2米线后,助跑起跳的步幅与节奏要随时变化。

4.要会运用不规则的助跑起跳,例:一步助跑,踮步助跑。

(五)技术评价

中级阶段扣球技术评价：

1.能在4号位、3号位、2号位进行助跑起跳扣球。

2.能控制扣球的方向。

3.会用原地起跳或垫步起跳扣球。

4.会合理处理网前球。

六、拦网

(一)学习内容与练习步骤

1.学习内容：双人拦网。

2.练习步骤：掌握单人拦网→徒手并网拦网→结合球并网拦网。

(二)技术要点与难点

1.技术要点：并网的起跳点与起跳时机。

2.技术难点：并网的起跳节奏与两人在网上的手型及阻挡面。

(三)练习方法、纠错方法与技术评价

可参考第五章第二节(拦网)。

(四)技术应用特点与注意事项

1.对方扣球速度较快,出其不意,所以双人拦网时起跳时机特别重要,定位要准确,并网要严密。

2.起跳后双手必须在本方上空拦截,身体必须在本方场区落地。

3.双人拦网两手之间空隙不能太大,以防漏球。

七、集体战术运用

中级阶段集体配合也是采用 5 人制比赛,战术围绕防守与进攻的配合,以二传与攻手的配合为主。

(一)基础要求

1.熟练掌握气排球的各项基本技术,自如运用发球、垫击球、扣球技术。

2.具备最基本的场上相互协作能力、保护意识。

(二)练习方法

可以参考本书第五章第二节(集体战术运用)。

(三)配合要求及注意事项(表 7-4)

表 7-4　配合要求及注意事项

技　术	配合要求	常见问题	注意事项
集体进攻配合	1.防守时的起球目标要明确,为了便于进攻,把球垫到 2 米线附近 2.当球到达任何一个人附近时,都要会进行调整二传组织进攻	1.扣球时击球部位偏头后方 2.没有做好随时进攻的准备	1.进攻的起跳点与起跳位置要根据各种来球的状况及时调整,例一步起跳、踮步起跳、原地起跳等 2.比赛中进攻优先,做到见高球就击打
集体防守战术	1.场上位置分工明确,相互补位 2.身体要向击球人靠近	1.接球分工不明确,要么抢球,要么让球 2.别人垫击球时没有做好随时保护的准备	1.进攻与防守的动作转换要快 2.当后排队员垫球时,前排队员要转身看球

(四)技术评价

中级气排球的教学以比赛演练为主,主要是把基本技术在实战中体现出来。具体自我评价如下:

1.比赛场上一定要随时保护别人的击球。

2.场上的每一个队员都能进攻与组织进攻。

3.自如运用扣球技术及拦网技术。

4.比赛中身体始终随球转动,随时做好击球准备。

第三节 高级气排球技战术运用及评价

一、准备姿势和移动

（一）学习内容与练习步骤

1.学习内容：徒手综合步移动；结合球的移动。

2.练习步骤：熟练跨步、交叉步、跑步等综合性移动练习→结合球进行综合步防守练习。

（二）技术要点与难点

1.技术要点：根据不同的来球及时做出正确的准备姿势和移动。

2.技术难点：判断和移动相结合。

（三）练习方法、纠错方法与技术评价

参考第五章第三节（准备姿势和移动）。

（四）技术应用特点与注意事项

1.随着球速的加快，及时调整身体重心。

2.重心落在前脚掌内侧，及时起动及时制动。

3.运用综合步移动。

二、发球

（一）学习内容与练习步骤

1.学习内容：跳发球。

2.练习步骤：熟练正面上手发球、正面上手飘球→学习跳发球。

（二）技术要点与难点

1.技术要点：抛球的稳定性与助跑节奏的协调。

2.技术难点：挥臂轨迹，控球能力。

（三）练习方法、纠错方法

参考第五章第三节（发球）。

（四）技术应用特点与注意事项

1.抛球的高度与位置要固定。

2.击球时要压腕，要让球上旋。

3.多练助跑起跳，跑动中加强节奏感。

4.跳发球击球时五指分开，手腕放松，快速鞭甩。

（五）技术评价

1.掌握 2 到 3 种发球技术。

2.会发多种性能的球。

3.会找对方位置发球。

4.具有较高的稳定性与准确性。

三、垫击球

（一）学习内容与练习步骤

1.学习内容：侧倒垫球、滚翻垫球。

2.练习步骤：巩固正面双手垫球、体侧垫球及捧、抬、搬、挡击球→学习侧倒垫球→滚翻击球。

（二）技术要点与难点

1.技术要点：低姿垫球后的自我保护。

2.技术难点：垫球后的侧倒或滚翻动作的协调衔接。

（三）练习方法（在掌握初、中级练习方法的基础上再进行以下练习）

1.徒手练习，一步移动向侧前方跨蹬侧倒练习。

2.徒手练习，一步向侧前方跨蹬滚翻练习。

3.一人左右抛球，另一人左右侧倒击球。

4.一人左右抛球，另一人左右滚翻救球。

5.一人击打有抛物线的球，另一人用挡搬动作防守。

6.一人击打各种性能的球，另一人用垫球、挡搬、捧球等不同的动作进行防守。

（四）技术应用特点与注意事项

1.侧倒击球与滚翻接球都是在低蹲准备姿势并跨步接球失去重心的情况下进行的，所以身体重心一定要降低，先跨蹬接球再倒地。

2.侧倒和滚翻动作前，要控制好身体重心。

（五）常见错误及纠正方法（表 7-5）

表 7-5　常见错误与纠正方法

技　术	常见错误	原　因	纠错方法
挡搬球	1.挡搬球动作太急促 2.挡搬球不到位	1.球在手上的缓冲不够 2.左手向上托、右手向上拨的力度不够	1.在防击扣球时，挡搬动作可适当延长缓冲时间 2.手型要大一点，左右手用力要协调一致

续表

技　术	常见错误	原　因	纠错方法
倒地救球	倒地与救球节奏错误	救球与倒地动作同时进行	动作步骤： 1.跨步　2.伸臂击球 3.倒地或滚翻

（六）技术评价

1.能预判对方的来球。

2.会根据不同的来球，及时调整准备姿势和移动。

3.会运用低姿势挡搬球动作进行防守。

四、二传球

（一）学习内容与练习步骤

1.学习内容：调整传球。

2.练习步骤：熟练正面传球、背传球→调整传球。

（二）技术要点与难点

1.技术要点：根据不同高度、速度的来球组织进攻。

2.技术难点：控制传球方向与高度。

（三）练习方法、纠错方法

可参考第五章第三节（传球）。

（四）技术应用特点与注意事项

1.加强手指对球的控制能力，多进行侧面传球练习。

2.可以用多种动作进行调整二传。

3.练习时重点控制传球的高度与远度。

（五）技术评价

1.能控制球在手上的缓冲时间，传出不同节奏的球。

2.能熟练地运用挡搬球组织进攻。

3.会运用侧传、背传技术组织进攻。

五、扣球

（一）学习内容与练习步骤

1.学习内容：调整扣球；远网扣球。

2.练习步骤：熟练运用 4 号位扣球、2 号位扣球及轻打球→学习调整扣球→远网扣球。

（二）技术要点与难点

1.技术要点：一步起跳、二步起跳、原地起跳扣球技术。

2.技术难点：对各种来球及时找准起跳点。

（三）练习方法、纠错方法

可参考第五章第三节（扣球）。

（四）技术应用特点与注意事项

1.扣调整球要随时调整脚步。

2.远网扣球要注意手腕的控制。

3.根据对方的拦网情况，及时调整扣球线路与手法。

4.学习处理网前 2 米线以内的高球。

5.学会打吊结合的进攻方式。

（五）技术评价

1.技术运用上能扣 2 米线后的高球，正确处理 2 米线以内的高球。

2.会用不同步幅、不同节奏的助跑进行扣球。

3.具有较强的手腕控球能力。

4.会根据对方的拦网情况进行打吊结合的进攻方式。

六、拦网

（一）学习内容与练习步骤

1.学习内容：三人拦网。

2.练习步骤：熟练单人拦网、双人拦网→学习三人拦网。

（二）技术要点与难点

1.技术要点：卡位的准确性与并网的时间性。

2.技术难点：并网起跳点与手型的配合。

（三）练习方法、纠错方法与技术评价

可参考第五章第三节（拦网）。

（四）技术应用特点与注意事项

1.气排球三人拦网的实际运用较少，基本上是以单人拦网和双人拦网为主。

2.三人拦网的并网踏跳点要踏准。

3.三人并网以后相互的手型要配合好，间距不要太大，也不能重叠。

七、集体战术运用

高级阶段的教学形式以比赛为主，重点是场上队员相互间的默契配合，个人技术在集体战术中得到充分展示是高级阶段练习的目的。

（一）基础要求

1.熟练掌握气排球的各项基本技术,自如运用发球、垫击球、二传球、扣球、拦网等技术。

2.具备场上配合、相互协作的能力。

3.能自如处理近网球与远网球。

4.具有较强的攻防转换能力。

（二）练习方法

可以参考本书第五章第三节(集体战术运用)。

（三）配合要求及注意事项(表7-6)

表7-6　配合要求及注意事项

技　术	配合要求	常见问题	注意事项
集体进攻配合	1.能根据来球进行二次球进攻 2.场上任何一个人都能进行调整二传及进攻性击球 3.场上出现配合上的问题,要及时交换信息	1.身体动作变化较慢,跟不上球的变化速度 2.针对各种来球准备不充分	1.扣球的起跳点一定要根据球的位置调整到位 2.见到高球可以进行二次进攻
集体防守战术	1.场上要相互补位 2.两人之间的球要积极主动并及时提醒对方	1.对前排扣球、拦网的保护重心太高 2.看别人垫击球,没有保护动作,保护意识薄弱	1.保护前排扣球、拦网要用低蹲准备姿势 2.在"活球"状态时,身体始终随球转动

（四）技术评价

高级阶段气排球的比赛较多,各种基本技术都要在实战应用中体现。具体自我评价要求如下:

1.比赛场上养成一人击球,人人保护的习惯。

2.场上的每一个队员都会在2米线后的任何位置进行进攻。

3.拦网意识强,会运用双人或三人集体拦网。

4.会用各种技术动作进行防守。

5.会冲跳、踮步起跳、原地起跳扣球。

6.进攻或拦网时有较强的自我保护意识。

知识拓展

执教有道——袁伟民

袁伟民，最佳教练员，曾任国家体育总局局长、亚洲排联主席。

袁伟民在执教中国女排的 8 年中，融技术、战术、心理、思想、训练、队伍管理为一体，以他科学的哲学思维方式和方法与独特的育人方式，培养了一批独具特色的优秀队员。在队伍的管理上，他努力贯彻"我中有你，你中有我，凝聚力 6＞6"的方针，因此，女排在比赛中不管场上出现什么艰难险阻，队员从不互相埋怨，而是相互鼓励，团结拼搏，反败为胜。他在执教的 8 年中，共指挥过 244 场国际比赛。在他的带领下，中国女排在第三届世界杯女子排球赛、第九届世界女子排球锦标赛、第二十三届奥运会女子排球比赛、第四届世界杯女子排球赛、第十届世界女子排球锦标赛中均获得冠军。他本人也在第三届世界杯女子排球赛中获"最佳教练员奖"。1985 年他被评为"建国 35 周年来最佳教练员"，同年又获得国家体委颁发的体育运动荣誉奖章。

学以致用

1. 气排球球体的特点有哪些？
2. 气排球挡搬球技术可以用在哪些技术环节中？

第八章　沙滩排球运动

应知导航

蓝天、碧海、阳光、沙滩,一项独具魅力风靡世界的运动项目——沙滩排球以其较强的竞技性和独特的艺术性、观赏性和趣味性,被誉为"21世纪最杰出的运动"。运动员和观众们头顶蓝天,面临碧海,耳听涛声,脚踩柔沙,这诗情画意般的场景,很自然地将人们与大自然融为一体。人们投身于大自然的怀抱中,陶冶身心,娱乐健身,锻炼体魄,这是人类与自然的完美结合。通过对本章的学习,学生会全面了解沙滩排球的起源与发展现状、比赛的方法与练习内容,帮助学生跨入沙滩排球的锻炼行列,提升学生的观赏水平。

第一节　沙滩排球运动简述

一、沙滩排球运动的起源与发展

沙滩排球最早出现在20世纪20年代的美国加利福尼亚州。当时,人们为了躲避夏季的炎热来到海边,把它作为在海滩上消闲的一种娱乐活动。到了20世纪30年代,沙滩排球已形成一定的规模。每当夏季来临,在美洲和欧洲的海滨沙滩上,沙滩排球处处可见。人们头顶蓝天,沐浴阳光,光着脚板在金色柔软的沙滩上,尽情地跳跃、滚翻、流汗,享受着这美妙的时光。沙滩排球因其自身特有的魅力越来越受人们的青睐,成为人们必不可少的娱乐活动。

1927年沙滩排球穿越大西洋传入法国,成为当时法国"裸体主义者"的活动项目之一,同时也进入捷克斯洛伐克,并逐渐风靡美洲的巴西、阿根廷以及大洋洲的澳大利亚和新西兰。当时的比赛是三对三或四对四,在莫尼卡还首次出现了二人制男子沙滩排球。50年代,沙滩排球才得以广泛发展。1951年,在加利福尼亚的五个海滨浴场举行的沙滩排球巡回赛已具有相当规模,参加的选手达数百人。

1965年,加利福尼亚沙滩排球协会成立。

1976 年第一届沙滩排球锦标赛在美国加利福尼亚举行,比赛设 5000 美元的奖金。这也是职业化沙滩排球的开始。

1987 年 2 月,在巴西的里约热内卢举行了第一届世界沙滩排球锦标赛。

1988 年国际排联正式成立了世界沙滩排球联合会,并开始筹备世界沙滩排球系列大赛。

1989 年,国际排联创立了 2 人制男子沙滩排球巡回比赛。

1992 年,国际排联(FIVB)成立了沙滩排球部,同年世界女子沙滩排球巡回赛诞生。

1993 年,沙滩排球成为奥运会正式比赛项目。

2000 年,沙滩排球被列入奥运会常设比赛项目。

目前,国际排联所设的沙滩排球的重大赛事有:

1. 奥运会沙滩排球比赛。

2. 世界沙滩排球锦标赛。

3. 世界沙滩排球大满贯赛。

4. 世界沙滩排球巡回赛。

大满贯赛是国际排联 A 级赛事,与世界锦标赛并称沙滩排球的两大顶尖赛事,同时也是奥运会的重要积分赛,是汇聚全世界最高水平运动员及报道团体的世界级高水平赛事。大满贯赛要求世界排名前 24 的男女各队必须参加,可称作沙滩排球的巅峰对决。

二、沙滩排球运动的特点

沙滩排球有其独到的特点。

首先,场地和环境给人们以美的享受。蓝天、碧水、沙滩、比基尼、太阳镜,不同的肤色、不同的语言、不同的习俗,美丽斑斓的排球,运动员激烈的对抗,勾画出一幅绚丽多彩的风景画。置身在这画一般的世界里,身与心的交融,让忙碌紧张工作的人们一扫疲惫与焦虑,身心得到美的释放。

其次,广泛的群众性。沙滩排球场地设备简单易行,比赛规则容易掌握。在沙滩上人们头顶着蓝天、面临着碧海、耳听着涛声、脚踩着柔沙,既可比赛亦可玩耍,轻松自在。

第三,身体和服装给人美的展示。沙滩排球是一项展示运动员体型、体质、肌肉、肤色、击球姿势等的运动。运动员在运动中展现给人们健康漂亮的体型,生机勃勃的体质。

与众不同的性感比赛服,烘托出运动员美丽健硕的身材,让人耳目一新。

第四,高超的技术和激烈的对抗让人身临其境,心惊肉跳。规则规定,比赛中球不能落地,不得持球、连击。击球时间短暂,击球空间的多变,决定了沙滩排球高超的技巧性。双方的攻防转换始终是在激烈的对抗中进行。运动员在场上滚翻、鱼跃、前扑等都使人深受感染,叹为观止,充分体现了沙滩排球技术的精巧、高超、复杂、细腻。越高水平的比赛,对抗争夺也越激烈,越有观赏性。

三、我国沙滩排球运动的发展

(一)我国沙滩排球发展历程

沙滩排球在我国起步较晚。20世纪80年代末至90年代初,中国排球杂志社曾举办过几次民间的国内及国际沙滩排球邀请赛,有4人赛制也有2人赛制,这可谓是中国沙滩排球的最初级阶段。

中国排协从1994年开始举办正式的全国沙滩排球比赛,1997年在第八届全运会上将沙滩排球列为比赛项目。经过十几年的普及和发展,沙滩排球已成功运作国内三大赛事,即巡回赛、锦标赛、邀请赛,且参赛的队伍越来越多。自2001年以来,我国已有20多个省市区及军区开展沙滩排球项目。沙滩排球项目已经从室内排球中完全分离出来,建立起了完整的运动员、教练员、裁判员队伍体系,注册的专业球员达200余人,并且身体条件有了较大的改善。从1997年参加世界锦标赛以来,中国沙滩排球进步飞速,连创佳绩,尤其是女子,北京奥运会的巨大突破使得我国女子沙滩排球竞技水平达到世界强队之列。男子也在不断地发展壮大,从参赛的情况看,也得到了长足的发展。中国沙滩排球从引进到现在,始终保持自主。从一个"无名之辈"发展到在世界有一定地位、夺冠呼声较高的今天,中国沙排所付出的辛劳可想而知。

(二)我国沙滩排球取得的成绩

自1993年国际奥委会正式确认沙滩排球为奥运会正式比赛项目后,中国排球协会1994年举办了首届全国沙滩排球巡回赛。1997年首次派队参加了世界沙滩排球锦标赛。自此中国沙排走向了世界。

1998年第十三届亚运会,我国选手李桦、谷宏宇获男子冠军。

2000年悉尼奥运会上,中国的熊姿、迟蓉获得了女子沙滩排球项目的并列第九名。那时的中国沙排在世界上没有引起人们的注意。虽没有拿到名次,但是她们总结经验后,在2001年世界沙滩排球锦标赛上,迟蓉、熊姿和田佳、王菲分别获得第五名和第十七名,这在当时是我国沙滩排球在世界单项最高级别比赛的最好成绩。

2002年亚运会男子获得第三名。

2003年世界沙滩排球巡回赛印尼站和意大利站中,首次获得两站女子比赛的世界冠军。

2006 年亚运会男子获得冠、亚军。

2007 年世界沙滩排球锦标赛上，中国组合不仅夺得一枚银牌，而且女子两对组合闯入半决赛，男子两对组合跻身八强。

2008 年北京奥运会，女子沙滩排球分别获得银牌和铜牌，取得了中国女子沙滩排球队参加奥运会以来的最好成绩。

2010 年广州亚运会沙排女子组决赛，薛晨、张希卫冕冠军。

2011 年沙排世锦赛意大利罗马站，薛晨、张希获得第三名。

2013 年，薛晨与张希搭档首夺世锦赛冠军。

沙滩排球在我国开展较晚，自 1994 年以来，在广大运动员、教练员的共同努力及社会各界的大力支持下，我国沙滩排球运动取得了很大的进步和发展，自从 2008 年北京奥运会上取得了历史性的重大突破后，在其他世界性的重大比赛中也取得了较好的成绩。

四、沙滩排球的观赛礼仪

一项独具魅力、风靡世界的运动项目——沙滩排球以其极强的观赏性、激烈的竞技性和独特的艺术性，被誉为"21 世纪最激情时尚的运动"。运动员们头顶蓝天、亲吻阳光、脚踩柔沙，这诗情画意般的场景，很自然地将人与大自然融为一体。人们投身于大自然的怀抱，在阳光、沙滩、碧水、蓝天下观赛，是人类与自然的完美结合。以下是观赛礼仪：

（一）较之冲撞性的球类运动，排球被称作高雅运动。进入排球比赛场地，观众举止应文雅得体。开赛前，举行运动员入场仪式，队员向观众行礼时，观众应以热情的掌声回应。比赛时，配合队员们始终营造高涨的赛场氛围，适时适度地呐喊助威。当队员每一次精彩的倒地救球、拦网或进攻得分时，观众的叫好声是对运动员的最大鼓励。当自己支持的球队由于失误而失分时，观众的掌声是对运动员的最大安慰。注意维持正常的赛场秩序，不向场内扔东西。

（二）沙滩排球比赛规模较小、时间较短、观赏性较强。观看沙滩排球比赛时，观众可根据比赛场地的特点穿着便装、休闲装或运动装，适当使用防晒用品以降低紫外线对皮肤的伤害。墨镜、饮料是观赛必不可少的，可以让人在灿烂阳光下保持清晰的视野和及时补充水分。为了不影响其他观众，不宜使用遮阳伞。

（三）当比赛球飞到观众席时，请捡起交到赛场工作人员处，而不应直接扔回场内，更不可把比赛用球当做纪念品留下。尊重裁判，特别是在裁判员做出"持球"、"连击"等犯规判罚时，观众由于距离赛场较远，不宜轻易认为裁判误判，不能发出嘘声，辱骂裁判员，更不能将饮料瓶往比赛场内砸。

还需要注意的是，在奥运会比赛期间，很多国外观众在观看沙滩排球比赛时也习惯像运动员一样，穿着运动背心、短裤，尤其是一些女性观众，穿着可能会稍显暴露，所以在看比赛的过程中，观众应将视线集中在比赛场上，以免失礼。

第二节　沙滩排球运动基础知识

一、场地器材与设备

1. 比赛场地

沙滩排球比赛场地包括比赛场区与无障碍区。比赛场区为长 16 米，宽 8 米的长方形。场区边线外至少有 5 米，端线外至少 5～6 米，从地面到上空至少有 12.5 米的无障碍区。比赛场地的地面是水平的沙滩，容沙必须至少 40 厘米深，没有石块、壳类及其他可能造成运动员损伤的杂物。比赛场区所有的界线，宽为 5～8 厘米，界线与沙滩的颜色需有明显的区别，并且由抗拉力材料的带子构成。

2. 球网

沙滩排球比赛的球网设在场地中央中心线的垂直上空，高度为男子 2.43 米，女子 2.24 米。球网长 8.50 米，宽 1 米（±3 厘米），网眼直径 10 厘米。

3. 标志带与标志杆

标志带：球网上有两条宽 5～8 厘米（与边线同宽）、长 1 米的彩色带子为标志带，分别系在球网的两端，垂直于边线。

标志杆：标志杆是有韧性的两根杆子，长 1.80 米，直径 10 毫米，由玻璃纤维或类似质料制成。两根标志杆分别设置在标志带的外沿、球网的两侧。

4. 球

沙滩排球比赛所使用的球是由柔软和不吸水的材料制成外壳（皮革、人造皮革或类似材料），以适合室外条件，即使在下雨时也能进行比赛。球内装橡胶或类似质料制成的球胆，球体颜色是黄色、白色、橙色、粉红色等明亮的浅色。球的圆周为 66～68 厘米，重量为 260～280 克，气压为 0.175～0.225 千克/平方厘米。

二、沙滩排球基本打法

沙滩排球比赛是由 2 人组成的两队在由球网分开的沙地上进行比赛的运动。比赛的目的是将球击过球网，使其落在对方场区内。每队可击球 3 次（包括拦网触球）。沙滩排球比赛采用三局两胜制，一个队胜 1 球可以得 1 分，接发球队胜 1 球时得 1 分，同时获得发球权。每次换发球时，发球队员必须轮换。每局比赛（决胜局除外）先得 21 分并至少领先对方 2 分的队胜一局。当比分为 20：20 时，比赛继续进行至某队领先 2 分为止，比分没有上限。决胜局先得 15 分并至少领先对方 2 分的队获胜。

三、沙滩排球基本规则

沙滩排球比赛规则,绝大部分类同于排球规则,不同之处做以下说明:

1.每队自始至终只有两名运动员参赛,不允许更换运动员。

2.采用三局二胜制,前两局的比分为21分,决胜局为15分。先得21分或先得15分并同时超出对方2分的队为胜一局。

3.队员可以站在本场区的任何位置,发球时没有位置错误。

4.队员不得用手指"吊球"的方式完成进攻性击球。但允许用手指戳或指关节击球。

5.队员用上手传球,球的轨迹必须垂直于双肩的连线。

6.如果在网上双方队员同时击球,允许"持球",比赛继续进行。

7.在不妨碍对方比赛的情况下,队员可以进入对方场区和无障碍区。

8.任何队员在本场区空间都可以对任何高度的球进行进攻性击球。

9.每队必须在3次内击球过网,拦网也算1次。

10.每局比赛中,各队有1次请求暂停,暂停时间为30秒,任一方队员都可向裁判员提出暂停请求。

11.前两局比赛两队比分相加之和为21分时,进行技术暂停,时间为30秒,第三局没有技术暂停。

12.三局两胜制比赛,前两局当两队比分之和为7或7的倍数时,双方交换比赛场区。第三局两队比分之和为5或5的倍数时,交换比赛场区,每次交换场区后直接比赛没有休息。

13.比赛中允许两名队员中的任何一名队员在成死球时请求裁判员对规则和规则的执行进行解释,请求裁判员允许换服装或器材、核对发球队员号码、检查网和球、整理场地界线。

14.队员在比赛过程中受伤,可给予5分钟的恢复时间,但一局比赛中同一名队员最多给予两次恢复时间。队员5分钟内没有恢复或一局内同一名队员超过两次恢复时间,则宣布该队为阵容不完整。

15.对运动队的判罚以局计算,一局比赛中累积计算。每局开始时,重新计算该局的判罚次数。

第三节　沙滩排球基本技术

沙滩排球基本技术与室内6人制排球技术一样,也有发球、垫球、传球、扣球、拦网五大技术,技术动作完全一样,所以在本节不再详细介绍每一项技术的动作方法。动作方法均参考第三章排球运动基本技术。本章节着重介绍各项基本技术在沙排比赛中的运用特点以及注意的问题。

一、准备姿势和移动

准备姿势和移动是沙滩排球中运用最多的两种无球技术,贯穿在五大技术中,是完成各种技、战术的前提和基础。沙滩排球比赛因为场地面积大、人数少,在单人拦网下只有 1 人防守,准备姿势显得尤为重要。

(一)准备姿势

1.环境特点:沙滩排球场地松软,沙的流动性大,人在沙地上运动时重心不易稳定。如准备姿势的重心过低,在沙地上起动蹬地时就容易滑,脚会深陷沙中,造成起动困难。因为沙子缓冲了身体起动动力,减弱了支撑反作用力。因此移动前重心高度处于半蹲至稍蹲之间最适宜。

2.实用技术:稍蹲准备姿势和半蹲准备姿势。

稍蹲准备姿势一般用于二传传球前,接较高来球或准备扣球时运用。半蹲准备姿势是比赛中运用最多的准备姿势,适合短距离移动和防较低来球时运用,主要用于接发球、接扣球、防吊球等动作。

(二)移动

1.环境特点:同样由于沙地和移动距离较长的特性,移动时如果用力不当,身体就会打滑,造成起动不及时。

2.实用技术:移动由起动、步法与制动三个环节组成。沙滩排球一般不宜采用交叉步移动,最好采用滑步、跑步等动作。在移动过程中要注意腿要稍抬高,使脚高出沙面,以减少运动阻力加快移动速度。重心逐步降低,最后一步使用跨步制动,以此来衔接倒地动作。

二、发球

沙滩排球的发球技术与 6 人制排球发球技术基本相同,既是比赛的开始也是进攻的开始。

1.环境特点:沙滩排球比赛是在室外自然环境下进行的。比赛场地有光线与风向等因素,所以技术的运用应考虑自然条件。

2.技术运用及要求:在顺风条件下可采用大力发球,以发出不同性能的旋转球,使球的落点难以估测。在逆风或无风条件下可采用发飘球,发出的球不旋转,并且会不规则地向前飘晃飞行,使接发球队员难以判断球的飞行线路和落点,造成接球困难。另外,根据两人接发球的特点,在发球运用上应注意路线、距离、角度的变化。例如,发后场区球,以加大一传队员垫球后再进攻的助跑距离;发前场区,使接发球队员在网前接球后,不能及时后撤进行助跑,打乱其进攻节奏。

三、垫球

垫球技术在沙滩排球比赛中主要用于接发球、防守及代替传球组织进攻。

1.环境特点:沙滩排球场内只有两名队员,控制范围大,对球的控制力要求也高。

2.技术运用及要求:沙滩排球比赛,接球队员往往也是进攻队员,当一传或防守起球后,必须立即转入助跑起跳扣球,所以前一个动作结束的同时也是另一个动作的开始,动作之间的衔接要快。其次,沙滩排球比赛对上手传球技术动作要求较高,队员常常用垫球代替传球做二传,也称垫传。沙滩排球比赛运用较多的垫球动作是正面双手垫球、体侧垫球、背垫、单手垫球、前扑和鱼跃垫球。

四、传球

传球技术在沙滩排球比赛中主要用于二传。

1.特定动作要求:传球出球的方向必须垂直于两肩或左右肩的延长线,不能有搬动动作。

2.技术运用及要求:

依据规则规定,比赛中前排传球或后排调整传球都必须是正面、正背面或正侧面。如果对方有一人到网前,则可通过传球过网到对方空当。如果对方两人都在后场准备防传过网的球,可把球传给同伴进攻,造成对方无人拦网。如果一传来球较高,面对球网扣两次球或将球转移给同伴扣球。沙滩排球常用的传球方法有两种:正面双手传球、侧面双手传球、背传和跳传。

五、扣球

1.环境特点:沙滩排球时常两脚插入沙子中不利于及时移动及起跳。

2.技术运用及要求:沙滩排球扣球的助跑起跳与室内扣球的助跑起跳有较大的区别。沙滩排球扣球需要眼与手的出色配合,要求全身各部位之间的协调平衡和速度上的良好把握。不像室内6人制排球比赛那样能在地板上跨大步降低重心制动,所以,起跳时踏跳步不宜过大,助跑的距离也比室内排球远。沙地起跳要迟一点,将弹跳高度估计得低一点才能保持好正确的人球关系。

调整扣球是沙滩排球扣球的主要方式，进攻队员不仅要会扣后排的调整球，还要能扣一传垫起的球。规则限制不能张开手指进行吊球，但轻扣是允许的。因此，可以采用拳头、掌根进行吊球。在处理各种网上球或球网附近的球时，可以用扣侧旋球、搓球和抹球等击球手法。

沙滩排球比赛中常见扣球方法：正面扣球、勾手扣球、小抡臂扣球、单脚起跳扣球、搓球等。

六、拦网

靠近球网的队员，将手伸向高于球网处阻拦对方进攻，并能触及球称为拦网。它是沙滩排球比赛中攻防兼顾的一项重要技术。拦网是防守的第一道防线，也是取得反攻机会的重要环节。拦网水平的高低直接影响比赛的胜负。沙滩排球因为只有两人比赛，拦网一般都处于单人拦网或无人拦网状态。

第四节　沙滩排球基本战术

沙滩排球的战术是指运动员在比赛中，根据规则及沙滩排球运动自身的特点和比赛双方的具体情况，结合临场变化及实际天气条件的变化，合理地运用所掌握的技术，采取有意识有目的的个人和集体配合行为。

一、沙滩排球战术特点

沙滩排球的战术运用主要以个人技术为主，相互配合为辅。所以沙滩排球要求运动员技术全面，能攻善守，并有较强的独立作战能力，在此基础上两人相互配合。因此，沙滩排球注重技巧和节奏，室内排球突出配合与变化。沙滩排球战术特点如下：

1.进攻战术只有两人配合，技术性更强。

2.二传组织战术更默契。

3.垫球技术广泛运用于战术组织中。

4.进攻与防守转换快。

5.防守阵形简单，只有两种形式，分别是无人拦网和单人拦网下的防守战术形式。

二、沙滩排球战术运用

（一）发球战术及运用

沙滩排球发球战术在充分发挥个人发球技术的同时，更要学会如何根据天气的变化，及时变换发球战术，从而达到有效的进攻与防守的目的。比赛中常用的发球战术有：

1.加强发球攻击性。以发球的速度和力量攻击对手，达到破坏对方一传或直接得分的目的。

2.把球发到边、角和前场区等等，破坏对方从接发球转入进攻的节奏。

3.将球发到对方两人之间，边线和后场端线附近，以此来增加对方接发球的难度。

4.找接发球差的队员或进攻能力差的队员，使他们的弱点扩大，限制和降低对方组织进攻的能力。

5.让体力差的队员多接一传，造成对方一传到位率低，削弱其进攻威力。

6.利用天气条件改变发球的方法。

（二）进攻战术及运用

进攻是比赛的主要得分手段，是取得胜利的重要途径。沙滩排球比赛中，进攻打法千变万化，配合战术多姿多彩。运动员必须时刻保持清醒的头脑，才能实现有效的进攻得分。

1.接发球进攻战术及运用

一传是组织进攻的保证，是得分的基础。但在沙滩排球比赛中，一般一传的到位率比较低，二传通常不容易抢到有利于上手传球的位置，所以运动员只能用调整传球和垫传来弥补。因此，接发球的站位和由谁来接发球的战术意图就显得尤为重要。首先应考虑谁接更有利于组织战术进攻；其次要考虑队员的位置。沙滩排球因为光线风向等因素的影响，向前移动比后退容易。因此，站位应偏后区。

（1）当对方发网前球时，可组织近体快、短平快等进攻战术。

（2）当一传十分到位时，可垫起给同伴直接二次进攻。

（3）当对方发球的攻击力很强，球的落点和飞行路线不好控制时，只能通过同伴的调整组织进攻。

2.防守反击战术及运用

（1）拦网下的防守反击

①如果对方在中路进攻，防守队员要兼顾两侧来球，偏向一侧取位起球。根据本方队员的站位情况，反击进攻。

②如果对方在两侧标志杆附近进攻，拦斜线，防守队员撤到两边防直线，根据临场情况组织反攻。

③拦网后，后防队员起球的落点好，可以在组织进攻打法上多些变化，打些战术球。

（2）无拦网的防守反击

防守时两名队员都负有垫、调传、扣球进攻的责任。如一传队员为右边队员,落点又近网,那么左边队员立刻补上做接应二传,组织进攻。

（3）接拦回球的进攻反击

这种战术是指本方扣球,对方将球拦回,本方将球救起后再组织进攻。拦回来的球一般都近网,两名队员都要及时救球或跟进保护,尽量传垫高球,便于组织进攻。常见的有以下两种情况:

①如果斜扣,球的拦回落点一般在扣球队员的右侧稍远。

②拦回球反弹弧度高,两个队员可根据情况挑选最有利的一种进攻方式。

3.进攻战术应注意的问题

（1）长短球结合。巧妙地调动对手的拦网,是比赛中采用较多的策略。

（2）高低球结合。特别是低球有利于进攻的发挥（风大时往往要低球）。

（3）前后结合。大范围跑动进攻,打乱对手的拦防布局,创造更有利的进攻机会,但对二传的要求较高。

（4）二次进攻。打突然性,打对方空当,提高进攻的成功率。

（三）防守战术及运用

1.拦网个人战术。

假拦真撤,做准备拦网的假动作,但在最后时刻突然后撤,时间运用得当,有可能会起到意想不到的效果。拦网左右晃动声东击西,在某个特定位置上假装拦网,却突然移动到与其相反的位置进行拦网。

2.防守个人战术。

防守个人战术应加强对对方进攻队员进攻时手法的判断,及时变换角色。防守时,形左实右或形右实左,真真假假,虚虚实实。主要有以下几种情况:

（1）防对方轻扣和防触拦网队员手后的球;

（2）防触拦网队员手飞向场外和落到场内的近网球;

（3）防触拦网队员手飞向场内的球。

3.拦防配合。后排队员要随前排队员移动方向变换防守位置,两人应配合默契,拦直防斜,拦斜防直。拦住无人防守区,使球不落入该区,增加同伴防起球的机会。

4.防防配合。对方攻击力不强,轻打轻拍较多时,为减少球触拦网队员后失分的可能性,这时拦网人下撤,形成双人防守的阵型。后撤路线可根据临场的情况灵活运用。

第五节　沙滩排球技战术运用及评价

　　沙滩排球基本技战术的练习方法可以对照第五章的内容进行,本节着重介绍的是沙滩排球其特有的技术动作与练习要求。

一、准备姿势和移动

　　(一)学习内容与练习步骤

　　1.学习内容:半蹲准备姿势、稍蹲准备姿势;并步移动、滑步移动、跨步移动、交叉步移动、跑步。

　　2.练习步骤:明确准备姿势和移动的作用,理解动作方法。准备姿势→各种移动步法→结合球的各种移动步法。

　　(二)技术要点与难点

　　1.技术要点:起动的敏捷反应,不同距离采用不同的步法。

　　2.技术难点:球落点的判断;沙地中的起动、移动难度;准备姿势和起动的衔接。

　　(三)练习方法与要求

　　1.练习方法

　　移动练习方法要在平地与沙地结合练习,平地的练习可参考第五章对应内容,下面是沙地的练习。

　　(1)4人一排为1组,在平坦场地上做原地快速踏步,看到信号后马上向前冲刺15米。

　　(2)四列横队站立,做好半蹲准备姿势,按手势指挥的方向,做各种步法的移动练习。

　　(3)在端线和中线之间连续做向前和后退的移动。移动时手要触摸端线和中线。

　　(4)3～4人一组在边线做原地小步跑、原地高抬腿、仰卧起坐、伏地挺身等,听哨声或看手势后迅速起动向前跑至用手触摸到对面的边线,然后转身跑回原位。

　　2.练习要求

　　(1)沙地上移动时一定要控制好身体重心。

　　(2)移动时要及时调整步法,触线后起身动作要快,听到信号起身要快。

　　(3)最后一步触线时必须是同侧的手和脚,重心要保持在同侧脚上,用前脚掌内侧着地制动。

（四）常见错误与纠正方法（表 8-1）

表 8-1　常见错误与纠正方法

技　术	常犯错误	原　因	纠错方法
准备姿势和移动	1.移动速度过慢,脚总是踢着沙 2.移动时伴有跳跃步法	1.移动时抬脚过低 2.两腿太直重心过高	1.两腿抬至基本过沙地的高度 2.移动时两膝保持弯曲

（五）技术评价

1.养成做准备姿势的习惯,以准备姿势迎接各种来球。

2.能及时判断球的位置,移动到位。

3.能根据不同距离的来球,合理运用不同步法。

4.起动和制动能收放自如,脚步快而轻盈。

二、发球

（一）学习内容与练习步骤

1.学习内容:正面(侧面)下手发球、上手发球、跳发球。

2.练习步骤:徒手练习→抛球练习→正面(侧面)下手发球→上手发球→跳发球。

（二）技术要点与难点

1.技术要点:抛球的位置。

2.技术难点:挥臂击球时身体的协调用力。

（三）练习方法与要求

1.练习方法

（1）平稳地将球向上抛起,使球不旋转。

（2）两人一组近距离隔网的发球练习,隔网 4～6 米,互相对发。

（3）助跑一步后的抛球练习。

（4）隔网发跳飘球。

（5）站在发球区发球。

2.练习要求

（1）发球时要注意风向,加强发球的控制力。

（2）先掌握原地发球再学习跳发球。

（3）区分发飘球与大力发球不同的击球手法。

(四)常见错误与纠正方法(表8-2)

表8-2 常见错误与纠正方法

技　术	常犯错误	原　因	纠错方法
发球	1.抛球不稳 2.助跑与击球动作不连贯	1.双脚在沙地上站立不稳 2.助跑时重心不稳	1.控制身体重心 2.多练习沙地上的二步助跑起跳

(五)技术评价

1.熟练掌握正面上手发球技术,并且能运用不同的手法发出上旋球和飘球。

2.发球具有一定的攻击性,并且有较高的成功率。

3.比赛中会用不同的手法发球找人。

4.具备跳发球的能力。

三、垫球

(一)学习内容与练习步骤

1.学习内容:正面双手垫球、背垫球、跑动垫球、前扑垫球。

2.练习步骤:了解垫球动作方法→学习正面双手垫球→背垫球→跑动垫球→前扑垫球。

(二)技术要点与难点

1.技术要点:垫球前重心的稳定性,上下肢协调用力。

2.技术难点:及时移动,动作的前后衔接。

(三)练习方法与要求

1.练习方法(前期基本功练习参照第五章垫球内容,下面练习均在沙地上)

(1)顺着排球场地的边线、端线边走边自垫。

(2)两人一组,一抛一垫。

(3)两人一组对垫。

(4)三人一组站成纵队,抛球者面对垫球者将球抛出,垫球者以背垫的动作将球垫给最后一人,最后一人以正面垫球的动作将球垫回给抛球者,反复练习。

(5)两人一组隔网对垫。

(6)两人一组,一人向各方向抛球,一人迎球做前扑垫球。

2.练习要求

(1)行进间垫球时,用眼睛的余光注意脚下的场地线,必须沿线走。

(2)移动垫球时,抛球者左右抛球,接球者移动到位再伸手垫球。

(3)前扑击球后,两手要支撑缓冲身体落地的重量,不要蛮扑让身体重摔地面,造成不必要的损伤。

(4)背垫击球点在胸前或额前,用腰腹力量,将球向后上方垫出。

(5)垫球时身体和手臂要对准出球方向。

(四)常见错误与纠正方法(表8-3)

表8-3 常见错误与纠正方法

技　　术	常犯错误	原　　因	纠错方法
垫球	1.垫球时重心不稳 2.球垫不高	1.双脚陷入沙中 2.上下肢没有协调用力	1.移动时要控制好身体重心 2.注意下肢的伴送动作

(五)技术评价

1.掌握垫球的基本技术,养成接球前做好准备姿势的习惯。

2.比赛中能接发过来的一般球或飘球。

3.能准确判断并取位及时移动到位接球。

4.会降低重心防重扣球。

四、传球

(一)学习内容与练习步骤

1.学习内容:正面双手传球、背传球。

2.练习步骤:了解传球的基本动作→正面双手传球→背传。

(二)技术要点与难点

1.技术要点:身体动作与出球的方向。

2.技术难点:传球的控制力。

(三)练习方法与要求

1.练习方法

(1)原地自传。每人一球,连续向上自传,球的高度由低到高。

(2)一抛一传。两人间隔3米,相对站立,一人抛出带有弧度的球,另一人传球给抛球者。

(3)两人对传。两人一组,相距3米对传。

(4)自传与对传。两人一组相距3米,传对方来球时,先自传一次再将球传给对方。

(5)左右跑动传球。两人一组,一人将球抛向左右两侧,另一人左右跑动到位后传球。

(6)隔网传球。两人一组,分别站在网的两边3米线以内对传球。

(7)三角传球。两人一组,成正三角形站立,按不同方向传球。

2.练习要求

(1)手腕稍后仰,五指张开,大拇指不能前突,以正确的手型迎球,提高控制球能力。

(2)要全身协调用力。

(3)移动速度要快,面对或侧对出球方向,保持正面或正侧面传球。

(四)常见错误与纠正方法(表8-4)

表8-4　常见错误与纠正方法

技　术	常犯错误	原　因	纠错方法
传球	1.传出的球过低过近 2.斜对出球方向	1.击球点过高或过低 2.身体没有正对传球方向	1.身体要伴送,手臂要屈伸 2.传球前身体先对准方向

(五)技术评价

1.能在移动中合理运用传球技术。

2.能根据不同的需要,及时变化传球手型,传出各种需要的球。

五、扣球

(一)学习内容与练习步骤

1.学习内容:正面扣球、扣调整球。

2.练习步骤:学习助跑起跳→挥臂击球→正面4号位扣球→2号位扣球→扣调整球。

(二)技术要点与难点

1.技术要点:助跑起跳的节奏。

2.技术难点:助跑的节奏与重心的控制。

(三)练习方法与要求

1.练习方法

(1)徒手下肢起跳练习。

(2)徒手上肢挥臂练习。

(3)一步、二步助跑起跳摸吊球。

(4)原地起跳扣抛起的球。

(5)扣2、4号位传起的一般球。

(6)扣斜线球。扣至对方1号位或5号位区域。

(7)扣直线球。扣球击球点应略偏向左肩前上方。

(8)扣调整球。扣从后场区调整过来的球。

2.练习要求

(1)助跑要稍迟一点起动,调整好人、球、网的关系。

(2)摆动和下肢起跳动作协调、连贯。

（四）常见错误与纠正方法（表8-5）

表 8-5　常见错误与纠正方法

技　术	常犯错误	原　因	纠错方法
扣球	1.助跑重心不稳 2.动作不连贯	1.双脚在沙地上打滑 2.助跑过早,起跳过慢	1.多进行沙场上的跑动练习 2.助跑起动稍迟一点

（五）技术评价

1.掌握扣球的基本技术,运用完整的有节奏的助跑、起跳、挥臂击球动作。

2.能在网前扣不同位置的高球。

3.能扣离网较远的调整球。

4.对不到位的来球,能及时调整步法,处理过网。

5.比赛中,能灵活运用各种扣球技术。

六、拦网

（一）学习内容与练习步骤

1.学习内容:单人拦网。

2.练习步骤:了解动作方法→学习拦网手型→徒手起跳拦网→拦扣球。

（二）技术要点与难点

1.技术要点:起跳取位、手型。

2.技术难点:起跳点与起跳时机。

（三）练习方法与要求

1.练习方法

（1）一人抛球另一人原地拦网练习。

（2）原地起跳徒手拦网练习。

（3）一步移动起跳拦网练习。

（4）一人自抛自扣,另一人起跳拦网。

2.练习要求

（1）垂直向上跳,两臂尽量上伸,十指自然张开,主动迎球。

（2）触球时,五指张开吻合球,压腕瞬间手指紧张。

（3）移动时脚步清晰稍抬高,不要被沙绊住。

（四）常见错误与纠正方法（表8-6）

表8-6　常见错误与纠正方法

技　术	常犯错误	原　因	纠错方法
拦网	1.取位不准确 2.起跳不及时	1.移动不及时 2.双脚被沙绊住,重心控制不稳	1.加强预判,及早移动 2.网前一步及综合步移动后拦网起跳

（五）技术评价

1.能准确掌握起跳时机。

2.比赛时,有拦网意识。

3.能跟随扣球队员起跳拦网。

4.能准确判断取位,移动收放合理,拦网手法正确。

知识拓展

世界沙滩排球巡回赛

国际排联是在1989年首次创立世界沙排巡回赛等系列比赛的,在当时,世界沙排巡回赛只有3个国家举办,分别是巴西、日本和意大利,当时的世界巡回赛只有男子组比赛。1992年,世界沙排巡回赛增加了女子比赛。2016年,世界沙排巡回赛系列比赛已经步入了第26个赛季。2017年赛季,年初在美国罗德岱保正式拉开了序幕。

国际排联世界沙排巡回赛是一年一度的国际沙滩排球比赛,男、女线比赛均由国际排联认定并主办。而从1989年开始,国际排联举办的包括公开赛、大满贯赛和世锦赛在内的世界巡回赛(三项比赛均包括在世界巡回赛赛季系列比赛序列)已近600场。从1992年开始,国际排联通过积分和赛事奖金两个渠道为获奖运动员颁发的奖金超过1亿2千万美元。

2013年,国际排联共有来自五大洲超过628名选手注册参加了当年的世界沙排巡回赛,其中约39个国家或地区派出了女子选手,派出男子选手参赛的国家或地区则有43个。

本赛季,世界沙排巡回赛赛历中包括10站沙排大满贯赛事,1站国际排联世界沙排大满贯总决赛,7站拥有男、女线双线比赛的公开赛,4站只有一个性别组赛事的公开赛。今年国际排联将举办世界巡回赛大满贯决赛(缩写为TBC),以作为大满贯赛季的最终之战。

在赛事运作和商业开发领域,世界沙排巡回赛无疑也是国际排联旗下各项比赛中的

"翘楚"。据国际排联提供的相关数据资料,世界沙排巡回赛每年为约 50 万现场观众提供了餐饮服务,并在比赛中为嘉宾和媒体提供优质的服务和观赛位置,使得国际排联沙排世界巡回赛日益成为一项集体育、娱乐等为一体的非常有商业吸引力的"嘉年华"赛事。世界巡回赛目前大多在世界闻名的海滨、湖滨景区举行,赛场周边自然风光壮美,此外比赛场地还包括山区度假胜地以及繁华的城市中心地带。国际排联认为,世界沙滩排球巡回赛能够为赞助商提供高质量营销和享誉全球知名度的机会。

学以致用

1.目前有哪些世界级重大沙滩排球比赛?

2.试述沙滩排球比赛中怎样运用发球、接发球、垫球等技术。

3.你在学习沙滩排球中遇到最大的问题是什么?怎样解决?

第九章　排球专项体能

....

体能是指运动员机体的运动能力,是竞技能力的重要组成部分,是参与者为提高战术水平和创造优异成绩所必需的各种身体运动能力的综合。这些能力包括身体形态、身体机能、运动素质。其中运动素质是体能的重要决定因素,具体表现为速度、力量、耐力、协调、灵敏和柔软等专项素质。高水平的排球比赛,对参与者的运动素质不仅要求高,而且有鲜明的专项特点,表现为:反应快、动作快、跳得高、有高度的灵活性以及一定的柔软性。本章介绍了排球运动技术与力量、速度、耐力、灵敏、柔软等各项运动素质的相互关系以及练习方法。通过边学边练,可以快速提高专项运动能力,更好地掌握排球运动技能。

第一节　力　量

力量是肌肉工作时克服阻力的能力。肌肉收缩产生的能量就是肌肉力量。人体做任何一个动作,都是由肌肉收缩完成的,肌肉力量是所有运动发生的原动力。排球运动所需要的身体力量,包括腰、腹力量,腿、踝部力量,手臂、手指、手腕力量等。

一、力量素质在排球技术中的体现

1.肌肉爆发力:又称速度力量,是人体肌肉瞬间收缩产生的力量。排球运动中着重体现在快速起跳、展腹收腹、挥臂击球以及下肢的快速蹬地起动等动作中。

2.肌肉耐力:是指肌肉收缩的持续能力,或肌肉反复收缩的能力。它与最大肌力没有直接关系,体现在一场比赛中百次以上的全力起跳扣球和拦网。

二、力量素质练习方法

（一）手指手腕力量练习

1.用足球、篮球代替排球做传球动作。

2.用小哑铃或杠铃做腕屈伸。

3.手指俯卧撑或卷重物。

4.手指提抓铅球或沙袋练习。

5.手指用力握网球练习。

6.身体离墙 1 米左右，用手指做推撑动作。

7.用手掌、手指做俯卧撑及俯卧撑击掌练习。

8.手持哑铃做腕绕环练习。

（二）手臂力量练习

1.单人各种抛球练习：用前臂和手腕动作将实心球抛起用另一手接住，两手交替进行。

2.双手背后将球抛起过头并接住。

3.双手持球，弯腰从胯下向后上方抛球，转身接球。

4.双手或单手持球上举，立姿或跪姿、坐姿，直臂或屈臂做向前、向后或勾手抛掷实心球练习。

5.双人推小车。要求身躯要平直，手臂应伸直。

6.俯撑，脚尖固定，两手交换支撑绕圆圈。

7.俯卧撑或击掌俯卧撑。

8.双手持哑铃做前平举、侧平举和臂绕环练习。

9.双手持哑铃肩后屈肘上举。

10.徒手挥臂或做掷网球练习。

（三）腰腹、背肌力量练习

1.两人一组仰卧起坐、俯卧体后屈、侧卧抱头侧上屈、仰卧举腿。（要求起来动作速度要快，放下时动作速度应慢）

2.双手置于头上，上体做前后屈、左右屈或大绕环练习。

3.双手持球或双脚夹球，在垫上做仰卧收腹起。

4.站立或分腿坐地，双手持球做体转和上体大绕环练习。

5.两手持球臂上举，做以腰为轴上体后屈的腹背运动。

6.双脚夹球跳起，将球向上抛出。

7.做抓举杠铃的练习。

8.单膝跪地支撑，另一腿直腿后举，一只手着地支撑，另一只手直臂前举。（支撑 10 秒）

9.平板支撑。双肘及前臂、双脚尖着地支撑,身体平行于地面。(支撑 15 秒)

(四)下肢力量练习

1.行进间弓箭步走。(要求起跨腿大腿与地面平行)

2.立卧撑。(双手支撑卧时身体要直)

3.单脚支撑半蹲起。(左右脚交换)

4.背负队员半蹲走。

5.半蹲快步向前走。双手在身后相握,重心始终处于半蹲位置,向前走 10 米×3 组。

6.半蹲快步侧向交叉步走。双手在身后相握,重心始终处于半蹲位置,向左 10 米向右 10 米×3 组。

7.两人一组面对面半蹲姿势站立,双手互握,一人左右前后跨步,另一人跟随相应步划。

三、力量练习应注意的问题

1.在力量练习时一定要突出速度因素,不能片面追求负荷重量,要在正确动作的前提下选择适宜的负荷突出速度。

2.专项身体素质要与专项技术动作结合起来练习。

3.练习难度或负荷重量要循序渐进。

4.力量练习一定要全面,上下肢、前后肌群要均衡发展,离心收缩与向心收缩要成比例。

5.力量练习要因人而异,不同性别、不同基础选择合适的内容。

第二节 速 度

速度是指在单位时间内完成某个动作或位移某段距离的能力。排球运动中速度分为反应速度、移动速度、起跳速度和挥臂速度。

一、速度素质在排球技术中的体现

1.反应速度:即队员从看到球到开始进行接球动作的神经传递时间。在排球比赛中主要表现在对各种快速来球的反应。

2.移动速度:指在单位时间内身体位移的距离,主要运用在移动击球时。

3.起跳速度:主要体现在起跳扣球、拦网的技术中。

4.挥臂速度:主要用于扣球与发球技术中。

二、速度素质练习方法

（一）反应速度练习

1. 一人向各种方向连续抛出各种不同弧度的球，另一人准确判断，迅速移动将球接住。

2. 原地小碎步跑，看到信号后向左或右转360°后快速跑10米。

3. 各种姿势起跑（如半蹲、全蹲、仰卧、俯卧或原地快速小步跑）。看到手势，迅速向指定方向冲刺，距离一般6～18米。

4. 看手势或信号向指定方向做低姿势移动，距离一般为3米或6米。

5. 一人距墙2～3米面对墙站立，接另一人从其背后向墙上掷的各种不同力量和落点的球。

6. 背对墙站立，对墙抛球后迅速转身将反弹的球垫起。

7. 看手势做各种折回跑。

8. 两人相对，一人向左右任意移动，另一人力争与他保持相对，不使对方把自己晃开。

（二）移动速度练习

1. 9米侧滑步移动。（要求步幅小，步频快，身体重心低）

2. 结合球场做快速小步跑、交叉步跑、侧滑步跑、后退步等综合移动练习。

3. 3米交叉步左右移动。

4. 33米综合步移动。向前跑6米→后退6米→向前跑9米→转身交叉步移动3米×4次。

5. 球场半场对角线冲刺。

（三）起跳速度练习

1. 看手势做原地连续快速起跳。（要求有一定的高度）

2. 连续跳台阶、负重跳绳。

3. 单、双脚跳绳。

4. 原地连续起跳摸高。

（四）挥臂速度练习

1. 原地模仿扣球挥臂动作连续扣击树叶，10次×3组。

2. 原地对墙挥臂扣球，要求速度快。

3. 连续对墙掷垒球、棒球或小皮球。

4. 手持小杠铃片或小石头做扣球挥臂动作，10次×4组。（要求快速挥臂）

三、速度练习应注意的问题

1.速度素质的提高需要一个漫长的过程,所以练习要保持经常性。
2.速度练习要在精力充沛的情况下进行,疲劳时不要练习。
3.速度素质练习时尽可能与排球场地和专项技术相结合,以建立专项条件反射。

第三节　耐　力

耐力是指人体长时间进行持续肌肉工作的能力,即对抗疲劳的能力。排球耐力素质主要包括一般耐力和专项耐力。一般耐力练习主要发展心血管系统和呼吸系统的有氧工作能力,专项耐力主要发展无氧耐力、有氧耐力和弹跳耐力。

一、耐力素质在排球技术中的体现

排球是一项不受时间限制,有适当间歇,身体处于各种不断移动、跳跃之中的运动,其耐力素质的特征体现在有氧耐力和无氧耐力的两者结合上,以有氧耐力为基础,以无氧耐力为主导。

二、耐力素质练习方法

(一)一般耐力练习

1.1600 米变速跑。(直道全速跑、弯道慢跑)

2.2000 米匀速跑。

3.200～400 米全速跑。

4.12 分钟全程跑。

(二)专项耐力练习

1.沙坑中全蹲、半蹲连续跳,10 次×3 组。

2.连续收腹跳 10 次×3 组。

3.行进间连续直腿跳 20 米×3 组。

4.跳绳 200 次×3 组。

5.沿排球场边线、端线连续滑步半分钟×3 组。

三、耐力练习应注意的问题

1.耐力素质提高快,消退也快,所以练习要持之以恒。

2.排球运动的专项耐力有弹跳耐力、速度耐力、移动耐力和比赛耐力,练习时要有针对性。

3.耐力练习的大小强度要合理分配。

第四节　弹　跳

弹跳力是指人体蹬地所完成的与地面之间产生一定距离的能力。排球运动员的弹跳力尤为重要,它是速度、力量、协调能力的综合体现,是决定排球运动员运动成绩的重要因素。随着排球运动网上争夺的日趋激烈,运动员的弹跳能力要求更高。

一、弹跳素质在排球技术中的体现

弹跳素质在排球技术中主要体现在扣球与拦网技术中,观察自己在这两项技术中是否跳得高,跳得及时。

二、弹跳素质练习方法

1.单双脚跳绳及双摇跳绳练习。

2.连续三级蛙跳、向前跨步跳。

3.连续跳跃一定高度的橡皮筋或栏架。

4.脚踝起踵练习。双脚站立在台阶上,前脚掌着地,脚跟放下后再尽量提高。

5.沙地或软垫上做各种跳跃练习。

6.弓箭步交叉跳。(要求动作幅度大,用力向上蹬)

7.双脚连续交叉蹬跳台阶。

8.连续收腹跳 10 次×3 组。(要求跳起后收腹收腿,大腿贴近胸部)

9.原地跳起空中转体 90°、180°。

10.助跑起跳摸高。

三、弹跳练习应注意的问题

1.排球运动员的弹跳力水平取决于其起跳过程中克服自身重量的能力,而力量素质是克服自身重量的基础,因此弹跳力与力量素质是密不可分的,两者要交替进行。

2.要注意安排一定数量的"超等长"训练。如从高处向下跳又立即跳上的跳深练习,多级蛙跳;跳栏架和跳台阶等。

3.弹跳力的提高不是一朝一夕成就的,要坚持较长时间的练习才能获得较大效果,冬季练习效果会更好。

第五节　灵敏性

灵敏性是指在各种突然变换的条件下，不丧失身体平衡、力量、速度或身体控制能力，是一种集速度、柔韧、力量等素质的综合反映，体现为运动员能迅速、准确、协调地改变身体运动的空间位置和运动方向的能力。

一、灵敏性在排球技术中的体现

灵敏性在排球场上主要体现在预判决策能力、改变方向的能力和变换动作的能力这三个方面。实际运用在临场的各种变方向的起动、移动；及时合理地运用各种倒地救球快速起立；空中扣球和拦网等动作的变化和平衡；以及各种技术动作的串联和互补。

二、灵敏性练习方法

1. 两人面对面站立，设法拍击对方背部，而又不被对方击中自己，在规定时间内（每次 1 分钟左右），拍击对手多者为胜。

2. 原地快速高抬腿或支撑高抬腿，站立或前倾支撑肋木或墙壁等，可重复练习 4～6 次，间歇 5～7 分钟。

3. 快速小步跑 15～20 米，两腿频率越快越好。要求以大腿工作，小腿放松，膝踝关节放松，脚落地"扒地"。重复 4～6 次，间歇 5～7 分钟。

4. 快速小步跑 5～10 米后，转高抬腿跑 10 米。小步跑要放松而快，转高抬腿跑时频率不变，只是幅度加大。重复 3～5 次。（间歇同上）

5. 快速小步跑 10 米左右转入加速跑。加速跑时频率节奏不能下降，跑出 20 米放松。（重复次数及间歇同上）

6. 快速高抬腿跑 10 米左右转加速跑，频率节奏及前摆腿的高度不能下降。（重复次数及间歇同上）

7. 躲避球游戏、地滚球游戏、"贴膏药"游戏。

三、灵敏性练习应注意的问题

1. 灵敏性练习要求运动员注意力高度集中。

2. 灵敏性是由多种素质结合而成，在训练灵敏性时应注意与其他素质结合进行。

3. 腰、腹背的力量对于灵敏性起着重要的作用，它是上下肢的纽带，因此在训练中要特别注意这部分力量的专门练习。

第六节　柔软性

柔软性是指身体的柔软程度,它取决于身体各关节肌肉、肌腱、韧带乃至皮肤的活动范围的大小。柔软性对于充分发挥肌肉力量,合理地掌握技术动作以及预防运动损伤等都有极其重要的作用。

一、柔软性在排球技术中的体现

排球运动中最能体现柔软性的技术动作是扣球动作(肩关节、腕关节、腰)以及移动和接球动作(髋关节、膝关节、踝关节)。

二、柔软性练习方法

柔软性练习必定是把关节的韧带、肌腱、肌肉及皮肤进行拉伸。拉伸过程有三种方法:主动性动力、静力拉伸和被动性动力、静力拉伸。

(一)静力性拉伸

1.主动静力性拉伸:是缓慢地将肌肉、肌腱、韧带拉伸到一定酸、胀、痛的感觉位置并略有超过,然后停留一定时间的练习方法。这种方法可减少或消除超过关节伸展能力的危险性,防止拉伤,由于拉伸缓慢不会激发牵张反射。一般要求在酸、胀、痛的位置停留3~5秒,重复6~8次。

2.被动静力性拉伸:是靠同伴的帮助进行的拉伸练习。

(二)动力性拉伸

1.主动的动力性拉伸:是靠自己的力量进行有节奏的、速度较快的、幅度逐渐加大的多次重复一个动作的拉伸方法。在运用该方法时用力不宜过猛,幅度一定要由小到大,先做几次小幅度的预备拉长,然后加大幅度,以避免拉伤。每个练习重复5~10次。

2.被动的动力性拉伸:是靠同伴的帮助或负重借助外力的拉伸,但外力应与运动员被拉伸的可能伸展能力相适应。上述方法可单独采用亦可混合运用。

(三)利用器械的拉伸

1.利用肋木、平衡木、跳马、把杆、吊环、单杠等。

2.利用木棍、绳、橡皮筋等。

3.利用同伴的助力、负重等。

4.利用自身所给的助力或自身体重的练习。

(四)拉伸的动作方法

1.手指手腕柔软性练习

(1)两臂胸前平屈,两手掌心相对,双手指尖向上,十指尖反复相压。

(2)半握拳做腕绕环运动。

2.肩关节的柔软性练习

(1)双手握肋木的体前屈压肩,背对肋木单、双手上握向前的拉肩。

(2)各种肩绕环,如双肩向前、向后或单肩绕环。

(3)两人面对面互握双手转体拉肩。

(4)在单杠或吊环上做各种握法的悬垂。

(5)一手向上,另一手向下背后互握向下拉。

3.腰髋膝的柔软性练习

(1)体前屈。

(2)高台、肋木直膝压腿。(支撑腿伸直上体向膝关节靠近)

(3)坐地屈膝两侧压胯。

(4)两人对坐分腿对拉。

(5)手握肋木做各种踢腿动作,如向前踢、向后踢、向侧踢或向侧摆。

(6)仰卧、双手头后抓住物体,举双腿 75°两腿交叉至单腿异侧落地。

(7)弓步压腿走。

4.踝关节的柔软性练习

(1)跪坐在地上压腿。

(2)跪坐在踝关节上,上体后仰。

(3)屈膝侧坐在地上,上体向屈膝一侧压。

三、柔软性练习应注意的问题

1.柔软性练习要经常进行,使肌肉和韧带的伸展性不断得到发展。

2.柔软性练习一般采取动作结构与技术动作相似的伸展练习,可以结合发展其他素质的练习进行,相互促进。

3.气温对柔软性有一定的影响,天气寒冷时要注意动作的幅度,当全身发热时拉伸幅度可以加大。

✦ 知识拓展

全国排球联赛赛制

全国排球联赛从 1996 年 12 月 21 日开始实行。比赛赛制如下:

分组赛:

采用分组主客场双循环赛制,按照上届联赛名次进行蛇形编排,分成各有 6 支队伍的两个组进行 5 个主场 5 个客场的 10 轮比赛,成绩带入交叉赛。

交叉赛:

第Ⅰ组 1—4 名对第Ⅱ组 1—4 名,进行 4 个主场 4 个客场 8 轮比赛,决出第 1 至第 4 排名及第 5 至第 8 最终名次。第Ⅰ组第 5 对第Ⅱ组第 5 名,第Ⅰ组第 6 名对第Ⅱ组第 6 名,第Ⅱ组第 5 名对第Ⅰ组第 6 名,第Ⅱ组第 6 名对第Ⅰ组第 5 名进行 2 主 2 客,4 轮比赛,决出第 9 至第 12 最终名次。

决赛:

1. 按照交叉赛名次进行半决赛,第 1 名对第 4 名、第 2 名对第 3 名,半决赛采用五场三胜制,比赛场序按照交叉赛排名在前的球队,依次进行一个主场、两个客场、两个主场。

2. 半决赛负者进行第 3、4 名决赛,采用三场两胜制。比赛场序按照交叉赛排名在前的球队,依次进行一个主场、一个客场、一个主场。

3. 半决赛胜者进行冠、亚军决赛,采用五场三胜制,比赛场序按照交叉赛排名在前的球队,依次进行一个主场、两个客场、两个主场。

成绩排名:

分组赛和交叉赛按以下次序进行成绩排名:

1. 胜场,同组比赛中获胜的比赛场次多者排名在前。

2. 比赛积分,当两队或以上胜场相等时,比赛积分多者排名在前,计分方法如下:

  3∶0 或 3∶1 胜   积 3 分

  3∶2 胜   积 2 分

  2∶3 负   积 1 分

  1∶3 或 0∶3 负   积 0 分

3. 胜负局数比值(C 值),当两队或两队以上比赛积分相等时,全部比赛 C 值大者排名在前。

4. 总得失分比值(Z 值),当两队或以上胜负局数比值(C 值)仍相等时,全部比赛得分值与失分值比值大者排名在前。

5. 当两队总得失分比值(Z 值)仍相等时,两队之间最近一场比赛胜者排名在前。

📖✨ 学以致用

1. 专项力量练习应注意的问题是什么?

2. 弹跳力练习时应注意的问题有哪些?

第十章　排球运动竞赛组织与规则

应知导航

　　排球竞赛是宣传普及和提高排球运动水平最有效的措施。学校是开展排球运动的主要场所,组织比赛是学校体育教学的主要内容之一。本章着重介绍了不同形式排球竞赛的有关知识,通过对本章节的学习,可以了解排球竞赛的组织工作、编排方法、竞赛程序,以及进行比赛所需要了解掌握的竞赛规则、裁判的判罚、鸣哨及手势等内容,使大学生对组织排球比赛所需的一系列内容有一个全面的了解,并通过参与组织竞赛,加深对排球运动的了解,更全面地掌握排球知识。

第一节　排球运动竞赛组织与要求

　　校园排球竞赛是学校排球活动的重要组成部分,是宣传、普及和提高学校排球运动水平最有效的措施。通过比赛能活跃、丰富学生的文化生活,促进参赛队间的交流学习。由于竞赛的目的、任务、规模不一样,因此其组织的机构、筹备工作的内容也不尽相同。但是各种类型的排球比赛,其基本内容和形式是一致的。

一、如何组织一次比赛

(一)竞赛的组织工作

1.赛前的组织工作

赛前的组织工作是比赛能否顺利进行的关键,其主要内容如下。

(1)成立组织机构

我国大型排球比赛的组织机构如下:

```
                          ┌─ 办公室
                          ├─ 仲裁委员会
                          ├─ 裁判委员会
              组织委员会 ──┼─ 竞赛处
                          ├─ 宣传处
                          ├─ 行政处
                          └─ 保卫处
```

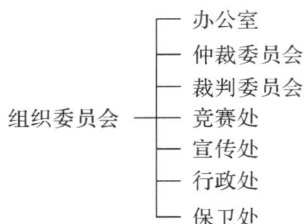

基层比赛规模小，可酌情设置机构，如：

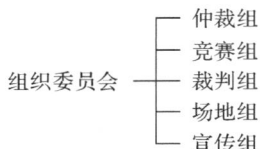

```
                          ┌─ 仲裁组
                          ├─ 竞赛组
              组织委员会 ──┼─ 裁判组
                          ├─ 场地组
                          └─ 宣传组
```

各职能组的职责范围如下：

①组委会：是竞赛的领导机构，负责制定、执行竞赛计划，审查和协调各组的工作，处理和决定竞赛中出现的问题和总结工作等。

②仲裁组：负责监督和保证竞赛规程和竞赛规则的正确执行，复审和裁决比赛期间在执行规程和规则中发生的纠纷并报告组委会。

③竞赛组：负责竞赛的组织编排，及有关竞赛事宜。

④裁判组：负责裁判员在比赛中的学习、执法、分工工作。

⑤场地组：负责比赛的场地和器材设备。

（2）制定竞赛规程

竞赛规程是竞赛组织者和参加者的指导性文件，在竞赛前由主办单位根据比赛的目的、任务制定。它是竞赛工作进行以及参赛报名的依据，因此要尽早发给有关单位，以便做好赛前准备工作。

排球竞赛规程要简明扼要，主要包括：竞赛名称、竞赛日程和地点、参加单位及资格、竞赛办法、录取名次和奖励办法、报名和报到日期、地点、规定与竞赛有关事宜等。竞赛规程示例如下：

浙江大学"三好杯"排球比赛竞赛规程

一、主办单位：浙江大学体育运动委员会

承办单位：浙江大学公共体育与艺术部

协办单位：浙江大学学工部、研工部、团委、排球社团

二、竞赛日期与地点

2014 年 10 月 17 日—11 月 8 日在紫金港校区灯光球场举行。

三、竞赛办法

(一)根据上届"三好杯"比赛的名次确定种子队,男女各前四名为种子队,其余各队在领队、教练员会议上经抽签决定组别及排序。

(二)比赛分两个阶段进行。

第一阶段:根据参赛队数,采用分组单循环制比赛。

第二阶段:进入前八名队采用交叉半决赛和决赛,决出 1~8 名。

(三)比赛采用 2013—2016 年《排球竞赛规则》。

1.比赛采用三局两胜制。第一、二局 25 分制,第三局为决胜局 15 分制。

2.比赛网高:男子网高 235 厘米;女子网高 215 厘米。

(四)比赛用球:兰华牌排球。

(五)决定名次办法。

1.每队胜一场得 2 分,负一场得 1 分,弃权取消全部比赛成绩,积分多者名次列前。

2.如遇两队或两个以上的队积分相等,则采用下列办法决定:

按 C 值区分名次。C 值＝A(胜局总数)÷B(负局总数),C 值高者名次列前。

3.如 C 值相等,则采用 Z 值区分名次。Z 值＝X(总得分数)÷Y(总失分数),Z 值高者名次列前。

四、参赛资格

1.凡参加比赛的运动员必须是本校有正式学籍的全日制本科生、研究生。

2.凡参加比赛的运动员必须经校医院体检合格,身体健康者。

3.高水平排球队员不得参赛。

4.学生参赛时需随带学生证,以便查验。

五、报名办法

1.以学院(系)、学园为单位组队参赛,一个单位也可以组二个队,但必须以单位一、二队的形式参加,并以名次列前的某一队记入团体总分。(研究生回归各个学院)

2.一年级包括二年级部分还未确定专业的学生,则以学园为单位组队参赛。凡已确定专业的学生必须代表学院参赛。专业确定以报名截止时为准。

3.男、女各队限报领队 1 名,教练 1 名,运动员 12 人。各队必须报随队裁判一名,并参加赛前裁判培训后进入裁判工作。

4.如遇本院(系)不组队但想参加比赛的学生,可以组成一个联队。比赛成绩不占名次,不计总分,按比赛成绩颁发个人荣誉证书。

5.参赛队员必须符合参赛资格,如经审查有资格不符的队员参赛,则取消该队比赛资格,判罚该队所有比赛成绩0∶2负。

6.报名截止时间:2014年10月14日。

报名表队长的名字后注上C,自由防守队员名字后注上L,一式二份(电子表和纸质表),交浙江大学公共体育与艺术部三大球管理中心排球教学团队。

六、决定名次办法

1.按成绩取前八名,分别颁发浙江大学"三好杯"奖杯和个人荣誉证书。

2.比赛成绩将以5倍的积分方式计入各参赛单位校运动会团体总分。

七、其他未尽事宜,另行通知。

本规程解释权属浙江大学公共体育与艺术部。

浙江大学公共体育与艺术部

2014年9月25日

(3)赛前的具体工作安排

①组委会按照各职能组的分工检查落实和协调工作。

②竞赛组根据规程的规定和报名队的具体情况编排比赛日程,印制秩序册并及时发到有关单位,印制竞赛用的各种表格。

③组委会和仲裁组审查报名队和队员的资格。

④裁判长检查落实场地器材的准备情况。

⑤裁判组组织裁判员的业务学习和实习。

⑥组委会召集裁判长、领队、教练员联席会,由组委会通报竞赛的准备情况和解决与比赛有关的各种问题,由裁判长通报比赛中关于执行规则的问题和要求。

⑦安排好各参赛队赛前对比赛场地和比赛用球的适应练习。

⑧其他有关比赛顺利进行的事宜和宣传报道。

2.比赛期间的工作

(1)竞赛组要及时登记和公布当天的比赛成绩。遇到特殊情况需要更改比赛时间、场地时竞赛组要及时通知有关单位。

(2)裁判组要及时组织裁判员小结,改进工作,保证比赛顺利进行。

(3)遇到有关执行规程和规则的纠纷,仲裁组要及时处理,尽量不影响整个比赛的正常进行。

(4)场地、医务、后勤等部门,应全力投入,保障比赛的顺利进行。

3.竞赛的结束工作

(1)竞赛组及时核算比赛成绩,排出名次,交由裁判长宣布。

(2)在组委会领导下,竞赛组会同其他部门组织大会闭幕式和发奖仪式。

(3)组委会完成总结并向领导部门汇报。

（二）竞赛制度、竞赛编排与成绩计算方法

竞赛制度是指比赛中参赛队之间如何进行比赛的方法。通常有循环制、淘汰制和混合制。选择和确定竞赛方法,应根据比赛的目的任务、竞赛时间的长短、参赛队的多少及场地设备等情况来决定。

1.循环制

循环制是参赛的各队,在整个竞赛或同一小组中,彼此都有相遇机会的比赛方法。这种方法能较合理地确定参赛队名次,也使参赛队有较全面的相互交流、学习的机会。循环制又分为单循环、双循环和分组循环三种。

（1）单循环

单循环是各参赛队在整个竞赛中彼此相遇一次,一般是在参赛队不多、比赛时间充足时采用。

①比赛的轮数

在单循环比赛中,各队都赛完 1 场为 1 轮。参赛队数为单数时,比赛轮数等于队数;参赛队数为双数时,比赛轮数等于队数减 1。如 8 个队参加比赛,则比赛轮数为 8－1＝7（轮）。

②比赛场数

单循环的比赛场数可用下面的公式进行计算:

$$比赛场数＝\frac{队数×（队数－1）}{2}$$

如 8 个队参加比赛则:$\frac{8×（8－1）}{2}＝28（场）$

③比赛的编排

a.一般的单循环编排方法。例如5～6个队参加比赛,其循环方法见表10-1。

表 10-1　比赛单循环编排方法

轮次 队数	一	二	三	四	五
5队	1－0	1－5	1－4	1－3	1－2
	╱ ↑				
	2－5	0－4	5－3	4－2	3－0
	↓ ↑				
	3－4	2－3	0－2	5－0	4－5

续表

队 数 ＼ 轮 次	一	二	三	四	五
6队	1—6	1—5	1—4	1—3	1—2
	／↑				
	2—5	6—4	5—3	4—2	3—6
	↓ ↑				
	3—4	2—3	6—2	5—6	4—5

注:如参赛队数为单数时,用"0"代替一个队使之成为双数,与"0"排在一起的队就轮空队。

b."贝格尔表"编排方法

排球比赛一般采用"贝格尔表"编排。如3～8个队的"贝格尔表"见表10-2。

表 10-2 比赛"贝格尔表"编排方法

队 数 ＼ 轮 次	一	二	三	四	五	六	七
4队（含3队）	1—4	4—3	2—4		注:3个队以0代4		
	2—3	1—2	3—1		5个队以0代6		
					7个队以0代8		
6队（含5队）	1—6	6—4	2—6	6—5	3—6		
	2—5	5—3	3—1	1—4	4—2		
	3—4	1—2	4—5	2—3	5—1		
8队（含7队）	1—8	8—5	2—8	8—6	3—8	8—7	4—8
	2—7	6—4	3—1	7—5	4—2	1—6	5—3
	3—6	7—3	4—7	1—4	5—1	2—5	6—2
	4—5	1—2	5—6	2—3	6—7	3—4	7—1

参赛队可用抽签的办法确定自己的号码,然后将参赛队和队名代入各自的号码位置上,就可以进行日程编排了,见表10-3。

日程编排时应力求各队的比赛时间、比赛场地、场次和间隔时间等机会均等。在世界大型比赛中,为了吸引观众有利于电视传播,组委会有权挑选适当的场次在所需要的场地和时间进行比赛。一般为4个队的循环赛中,可挑选其中一轮的一场比赛,5个队以上的循环赛中,可挑选其中两轮的两场比赛。

表 10-3　比赛日程表的格式

日　　期	时　　间	组　别	比赛队	场　　地
26 日	14:30 16:30	女	信息(深)—(浅)管理 建工(深)—(浅)能源	1 号场地
	14:30 16:30	男	信息(深)—(浅)医学 建工(深)—(浅)农学	2 号场地

（2）双循环

双循环是各参赛队在整个比赛中相遇两次的比赛方法，一般是在参赛队不多的情况下采用。

其编排方法与单循环相同，一般是赛完第一循环后，再赛第二循环，最后计算总分。

（3）分组循环

参赛队较多而竞赛时间较短时，可采用分组循环比赛的方法，把参赛队平均划分成若干小组，在各小组内进行单循环比赛，然后根据需要再把各组的优胜队或同名次的队组一次单循环决赛，排出名次。

分组方法可以由主办单位决定，也可以抽签决定。为了比较合理地确定名次，避免分组时各组实力不均，可以采用设种子队的方法。种子队的资格可根据过去的比赛成绩和现在的发展情况协商而定，数目一般与组数相同。将种子队分配在不同组内，其余队抽签分组。

各小组名次决定之后，决赛阶段可采用以下几种方法：

各小组第一名划为一组决出前几名，各小组第二名决出其后几名，依此类推，或各小组的一、二名划为一组决前几名，各小组的三、四名划为一组决出其后的名次，依此类推。

在预赛中已经相遇的队，决赛中可以不再比赛，将预赛中的成绩带入决赛。

（4）循环制成绩计算及决定名次方法

比赛胜一场得 2 分，负一场得 1 分，弃权为 0 分。积分高的名次列前。

如遇两队以上（含两队）积分相等时，Z 值高者名次列前见表 10-4。

表 10-4　循环比赛成绩记录表

队　名	信　息	管　理	建　工	能　源	农　学	医　学	积　分	Z 值	C 值	名　次
信息		3:1 / 2	3:2 / 2	3:0 / 2	3:0 / 2	3:2 / 2	10			1
		95:65	98:76	75:47	75:55	97:81	440:324			
管理	1:3 / 1		2:3 / 1	3:2 / 2	3:0 / 2	0:3 / 1	7	0.92		4
	65:95		78:90	93:81	75:48	49:75	360:389			
建工	2:3 / 1	3:2 / 2		3:1 / 2	1:3 / 1	0:3 / 1	7	0.93		3
	76:98	90:78		88:82	69:75	58:75	381:408			
能源	0:3 / 1	2:3 / 1	1:3 / 1		2:3 / 1	0:3 / 1	5			6
	47:75	81:93	82:88		88:96	54:75	352:427			
农学	0:3 / 1	0:3 / 1	3:1 / 2	3:2 / 2		1:3 / 1	7	0.85		5
	55:75	48:75	75:69	96:88		58:81	332:388			
医学	2:3 / 1	3:0 / 2	3:0 / 2	3:0 / 2	3:1 / 2		9			2
	81:97	75:49	75:58	75:54	81:58		387:316			

$$Z \text{ 值} = \frac{X(\text{总得分数})}{Y(\text{总失分数})}$$

如果 Z 值仍然相等,则 C 值高者名次列前。

$$C \text{ 值} = \frac{A(\text{胜局总数})}{B(\text{负局总数})}$$

2. 淘汰制

淘汰制分为单淘汰和双淘汰。一般在沙滩排球比赛中采用比较多。此章节着重介绍单淘汰内容。

单淘汰是比赛中失败一次即被淘汰,获胜者继续比赛,直至决出冠、亚军为止的比赛方法。一般是参赛队较多,比赛期限较短时采用。

(1)单淘汰比赛轮数

如果参赛的队数是 2 的乘方数时,则比赛轮数是以 2 为底的幂的指数。如 8 个队参赛,8 可化为 2^3,其轮数是 3 轮。如果参赛队数不足 2 的乘方数时则凑足,如 15 个队参赛,可以按 16 个队计算,16 化成 2^4,即轮数为 4。

(2)单淘汰比赛场数

单淘汰比赛场数是参赛队数减一。如 8 个队参加比赛,共赛 7 场。

(3)单淘汰比赛秩序编排方法

表 10-5 为 8 个队参赛的秩序表,抽签后,将队名填在秩序表中,第一轮即 1 对 2、3 对 4,依次类推。

如果参赛队不是 2 的乘方数,那么一部分队将在第一轮中轮空。轮空只能在第一轮中出现。如果为了不使强队首先相遇而被淘汰,可以把最强的两个种子队排在两头,如下表 1、8 号位置上;次强的两个队在中间,如表中 3、4 号位置上。如有轮空队,应首先让强队轮空。

排出比赛秩序表后,再填上日期、时间、场地就是日程表了。

表 10-5

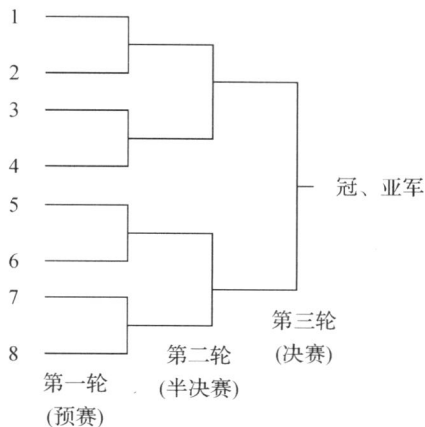

二、如何组织一场比赛

组织校园比赛,在赛前组织的练习时间可以适当减少,在入场仪式上可以简化。

(一)比赛前的工作

1.赛前签名

赛前 20 分钟,第二裁判员协助第一裁判员对场地、设备及器材进行检查。记录员将在记录表上已经填好的双方队员名单,请教练员和队长核实并签字。

2.抽签

赛前 16 分钟时,由第一裁判员会同第二裁判员和记录员召集双方队长在记录台前抽签。"挑边器"(或硬币)正反面由第一裁判员指定,抽签获胜者先选择发球权或接发球权或场区。如甲队选择接发球权,乙队则可选择场区并同时也获发球权。记录员应把选择结果及时记录在记录表上。第三局或第五局比赛前,第一、第二裁判员要重新召集双方队长抽签。

3.正式准备活动

赛前 15 分钟第一裁判员鸣哨,并做出正式准备活动的手势,时间为 10 分钟,赛前 12 分钟裁判员向双方教练员收取位置表,赛前 5 分钟第一裁判员鸣哨终止准备活动,运动员准备进场,裁判员向仲裁请示,请求比赛开始。

4.入场式和比赛开始

赛前 4 分钟时,在第一、第二裁判员的带领下,双方全体队员入场,两名裁判员分别站在场地中央球网两侧,每队 12 名队员列横队站在场地中央,与裁判员成一列横队,面向记录台。广播员宣布比赛名称,第一裁判员鸣哨,双方队员在网前两侧握手致意。赛前 3 分钟,第一、第二裁判员入场,分站球网两侧面向记录台,广播员介绍裁判员后,第一裁判员登上裁判台,第二裁判员回到记录台前。接着介绍比赛队上场队员、教练员。第二裁判员按位置表核对双方上场 6 名队员位置。核对无误后,第一裁判员鸣哨开始比赛。

(二)比赛中的工作

1.第一裁判员鸣哨允许发球为比赛开始。比赛成死球时,裁判员应鸣哨并做出手势表明死球原因。

如果第一裁判员鸣哨,他应指出:

(1)应发球的队。

(2)犯规的性质。

(3)犯规的队员(如果必要)。

第二裁判员重复其手势。

如果第二裁判员鸣哨,他应指出:

(1)犯规的性质。

(2)犯规的队员(如果必要)。

(3)跟随第一裁判员指出应发球的队。

第一裁判员不用做犯规性质手势,只做应发球队手势。

第一裁判员自始至终领导该场比赛,对所有裁判员和比赛队成员行使权利,比赛中他的判定是最终判定。如果发现其他裁判员的错误,他有权改判。比赛中,只有第一裁判员有权向球队提出警告,对不良行为和延误比赛进行判罚,包括:

（1）发球犯规和发球队位置错误，包括发球掩护。

（2）比赛击球的犯规。

（3）高于球网和球网上部的犯规。

（4）后排队员和后排自由防守队员进攻性击球犯规。

（5）后排自由防守队员在前场区进行上手传球后，同伴对高于球网的球进行的进攻性击球犯规。

（6）球从网下穿越。

2.第二裁判员的主要责任之一是掌握暂停和换人以及换人的次数，并将第二次暂停和第五、六次换人告诉第一裁判员和教练员。在每局开始、决胜局交换场地，以及任何必要的时候，检查场上队员的实际位置是否与位置表相符。第二裁判员可以用手势指出他职权以外的犯规，但不得鸣哨，亦不得向第一裁判员坚持自己的判断。比赛中，第二裁判员对以下犯规做出判断，同时鸣哨并做出手势：

（1）网下穿越进入对方场区和空间。

（2）接发球队位置错误。

（3）触及球网和第二裁判员一侧的标志杆的犯规。

（4）后排队员完成拦网或后排自由防守队员试图拦网犯规。

（5）后排队员进攻性击球犯规。

（6）球落地，而第一裁判员处于难以观察的位置。

（7）球从靠近二裁一侧的标志杆外飞入对方场地。

3.记录员在比赛中要掌握并登记好比分和发球次序，核对记分牌上的比分是否正确，如果发现发球次序错误，在发球击球后应立即通知裁判员。记录员还应掌握并记录暂停和换人次数，并将第5、6次换人，第二次暂停通知第二裁判员。比赛中，如有判罚、抗议、队员受伤等其他事件，记录员应在记录表的备注栏上写明整个事件经过。

比赛两局之间的休息时间是3分钟。决胜局比分某队先达到8分时，要交换场区，并由第二裁判员和记录员核实场上队员的位置。

（三）比赛结束的工作

最后一分结束后，第一裁判员鸣哨宣布比赛结束。两名裁判员在裁判台下球网的两侧前站立。两支运动队场上比赛的6名队员回到各自的端线。第一裁判员鸣哨后，队伍沿边线走向裁判员进行握手致谢，然后沿球网两边握手并回到球队席。记录员和助理记员填写比赛最终结果并签字，取得双方队长签字后，交由第一、二裁判员到记录台处检查记录表并签字，同时感谢记录员和司线员的工作。

注意：此时裁判员工作还未结束！运动队还在场区，还会出现不良行为。此时发生的任何不良行为必须进行管理并向组织委员会报告，同时登记在记录表上。

第二节　裁判的鸣哨、手势及其规则解释

排球比赛的进行是裁判员根据规则,通过哨声和手势来组织和指挥的,裁判员的哨声和手势代表着对比赛情况的判断,应被视为大家所熟悉的共同语言。因此,裁判员的哨声应有一定规律,不同的哨声代表着不同的要求和判定。裁判员的手势要规范,要有短暂的停留,以便清楚地展示给运动队和观众。

一、裁判员的哨声

裁判员鸣哨要坚决、果断、及时、响亮,哨音要有节奏、有轻重、有长短。如:发球、发球失误、发球直接得分时,哨音要清脆短促;运动员击球犯规、触网、过中线时,哨音要重而脆,并且稍长一些;请求暂停、换人、宣布准备活动开始或结束时,哨音要长;比赛开始、结束或改判时,哨音要一短一长;裁判员之间要避免重复鸣哨,第一或第二裁判员之一已经鸣哨成死球,另一裁判员不必再鸣哨,比赛进行中,任何判定都不应鸣两声或多声连续哨。

二、裁判员的手势

干净利落、解释清楚。当鸣哨中止比赛时,应立即以法定手势表明所判犯规的性质或准许比赛间断的目的。

三、裁判员的法定手势及其规则含义

1. 发球一方

一手侧平举,举向将要发球的一方(见图 10-1)。

规则含义:当发球队胜一球时,原发球队员继续发球。当接发球队胜一球时,获得发球权并轮转,由前排右边队员转至后排进行发球。

图 10-1

2. 允许发球

摆动发球队一侧的手臂(见图 10-2)。

图 10-2

规则含义:第一裁判员检查发球队员已握球在手并双方队员已做好比赛准备时,则鸣哨允许发球。如果第一裁判员没有鸣哨允许发球,而发球队员将球发出,则发球无效,应当重新发球。

3. 交换场区

两臂在体前体后绕体旋转(见图 10-3)。

图 10-3

图 10-4

规则含义:每局比赛结束后,比赛双方交换场区,决胜局除外。决胜局中某队获得 8 分时,两队交换场区,队员在对应的位置继续比赛。

4. 暂停

一臂屈肘抬起,另一手放在该手的手指上(见图 10-4)。

规则含义:每局每队可以请求两次为时 30 秒的普通暂停,国际排联世界性比赛第 1~4 局,每局另有两次为时 60 秒的技术暂停,每当领先队达到 8 分和 16 分时自动执行,决胜局无技术暂停。

5. 换人

两臂屈肘,在体前绕环(见图 10-5)。

规则含义:每局比赛中每队最多允许六人次换人,甲队员替换乙队员上场后,仍由乙队员替换下甲队员上场算一人次换人。

图 10-5

6. 发球时球未抛起

一手平举，掌心向上，上下摆动（见图 10-6）。

规则含义：球被抛起或持球手撤离后，发球队员必须在球落地前，用一只手或手臂的任何部位将球击出。球只能被抛起（或撤离）一次，身体的其他部位触球亦为犯规。

图 10-6

7. 发球延误

举起八个手指并分开（见图 10-7）。

图 10-7

规则含义：发球队员在第一裁判员鸣哨允许发球后 8 秒钟内必须将球击出。否则应判为发球延误犯规,换由对方发球,对方得一分。

8.掩护或拦网犯规

两臂上举,掌心向前(见图 10-8)。

规则含义:发球队队员个人或集体不得挥臂、跳跃、左右移动或集体密集站立遮挡球的飞行路线,否则则判掩护犯规。后排队员或后排自由防守队员完成拦网或参加了完成拦网的集体,则判拦网犯规。

图 10-8

9.位置或轮转错误

一手食指在体前水平绕环(见图 10-9)。

图 10-9

规则含义:靠近球网的三名队员是前排队员,他们的位置称 4 号位(左),3 号位(中)和 2 号位(右),另外三名队员为后排队员,位置为 5 号位(左),6 号位(中)和 1 号位(右)。

发球队员击球时,如果队员不在其正确位置上,构成位置错误犯规,判失一球,队员恢复到正确位置。队员相互间的位置根据其脚的着地部位判定。

每一名前排队员至少有一只脚的一部分,比同列后排队员的双脚距中线更近;每一名右(左)边队员至少有一只脚的一部分,比同排中间队员的双脚距右(左)边线更近。

10.界内球

整个手臂和手斜指向地面(见图 10-10)。

规则含义:球触及比赛场区的地面包括界线为界内球。

图 10-10

11. 界外球

两臂屈肘上举,手掌向后摆动(见图 10-11)。

规则含义:球触及场外物体,标志杆、标志带以外部分以及球接触地面的部分完全在界线以外或球整体从网下穿过则判界外球。

图 10-11

12. 持球

一臂屈肘慢慢举起,掌心向上(见图 10-12)。

规则含义:队员没有将球击出,造成接住或抛出,应判为"持球"犯规。

图 10-12

13. 连击

举起两个手指并分开(见图 10-13)。

规则含义:一名队员连续击球两次(拦网除外)或球连续触及其身体的不同部位则判"连击"犯规。连续的意思是两次触球有先后,而且中间没有其他人触球。

图 10-13

14. 四次击球

一臂屈肘举起,伸出 4 个手指并分开(见图 10-14)。

图 10-14

规则含义:每个队最多击球三次(拦网除外),将球从网上击回对方。不论是队员主动击球,还是被球触及,都算作该队击球一次。出现第四次击球,应判为"四次击球"犯规。

15. 过网击球

一手掌心向下,前臂置于球网上空(见图 10-15)。

规则含义:一方进行进攻性击球前或击球时,在对方空间触及球或对方队员则判过网击球犯规。

16. 后排队员进攻性击球犯规或对对方的发球和自由防守队员在前场区的上手传球进行进攻性击球

一臂向上举起,前臂向下摆动(见图 10-16)。

图 10-15

规则含义：后排队员在前场区完成进攻性击球，而且击球时球的整体高于球网上沿，应判为"后排队员进攻性击球犯规"。在前场区对球的整体高于球网上沿的发球完成进攻性击球或队员在高于球网处对同队自由防守队员在前场区用上手传出的球完成进攻性击球应判为犯规。

图 10-16

17. 触手出界

一臂屈肘抬起，手指向上，掌心向后，另一手摩擦其手指（见图 10-17）。

图 10-17

规则含义:球触及某方队员的身体后,迅速在界线外落地的状态。

18. 双方犯规重新发球

两臂屈肘举起,竖起拇指(见图 10-18)。

规则含义:如果双方队员同时犯规或同时触球造成"持球"则判为"双方犯规",该球成死球,由原来发球队员重新发球。

图 10-18

19. 一局或全场比赛结束

两手在胸前交叉(见图 10-19)。

图 10-19

规则含义:正式比赛为五局三胜制。每局(除决胜局外)先得 25 分并同时超出对方 2 分的队胜一局,无最高限制分。决胜局(第五局)打至 15 分并领先对方 2 分获胜,无最高限制分。

20. 延误警告、延误判罚

右手持黄牌放置于手表上(见图 10-20)。

规则含义:延误比赛的行为包括以下几个方面:

(1)换人延误时间;

(2)裁判员鸣哨恢复比赛后,仍拖延暂停时间;

(3)请求不合法的替换;

(4)在同一局中再次提出不符合的请求;

图 10-20

（5）场上队员拖延比赛的继续进行等。

在一场比赛中，对一个队的第一次延误给予"延误警告"判罚，同一队任何一名队员或其他成员造成任何类型的第二次以及其后的延误犯规，则给予"延误判罚"：右手持红牌放置于手表上（见图 10-21），判失发球权或失一分。

图 10-21

21. 警告与判罚

不良行为的种类与红黄牌使用共有如下几种情况：

警告：不处罚。形式：（1）口头警告、形式；（2）出示黄牌（见图 10-22）。

图 10-22   图 10-23

判罚：出示红牌。不良行为、拖延比赛时间等程度严重或再次非技术性犯规，应给予判罚，判该队失一球（见图 10-23）。

判罚出场:单手出示红牌＋黄牌,被判罚队员坐在判罚区的椅子上(见图10-24)。

图 10-24

取消比赛资格:双手分别出示红牌＋黄牌。取消比赛资格规则含义:同一队员在同一场比赛中重犯"冒犯行为"和第一次"侵犯行为",给予双手分别出示红、黄牌判罚取消全场比赛资格(见图10-25)。被判罚的成员要离开比赛场地和替补队员席。

图 10-25

第三节　气排球与硬排球竞赛规则的比较

气排球与软式排球都是室内六人排球的分支项目,软排的规则完全等同于硬排,气排的绝大部分竞赛规则和裁判法也是相同的,不同之处见表10-6:

表 10-6　气排与硬排比赛规则对照表

项　目	硬　排	气排球	沙滩排球
场地（米）	18×9	12×6	16×8
进攻线	后排队员进攻线距中线 3 米	所有队员进攻线距中线 2 米	任何队员在本场区空间,都可以对任何高度的球进行进攻性击球
网高（米）	男子 2.43　女子 2.24	男子 2.10　女子 1.90	网高同硬排
球	圆周:65～67 厘米 重量:260～280 克 气压:0.30～0.325 千克/平方厘米(294.3～318.82 毫巴)	圆周:76～78 厘米 重量:150～170 克 气压:0.16～0.17 千克/平方厘米	球的规格同硬排
换人次数	每局 6 人次	每局 5 人次或 4 人次	没有换人
暂停次数	每队每局 2 次,技术暂停前四局 2 次	每队每局 2 次,无技术暂停	每队每局 1 次,技术暂停前 2 局 1 次
场上人数	6 人	5 人或 4 人	2 人
胜负制	五局三胜制	三局两胜制	三局两胜制
局分	第 1～4 局,每局 25 分,领先 2 分为胜队	第 1～2 局,每局 21 分,先到 21 分为胜队	第 1～2 局,每局 21 分,领先 2 分为胜队
发球	队员发球得分,继续发球	队员每发一个球轮转一个位置	记录员启示发球队员号码进行发球
进攻性击球	前排队员可以任意处理网上球	任何队员在前场区击球,过网时球的飞行轨迹必须高于击球点	队员用上手传球完成进攻性击球时,传球轨迹必须垂直于双肩连线
击球过网	每队最多 3 次击球,不包括拦网	同硬排	每队最多 3 次击球,包括拦网
交换场区	第五局交换场区	第三局交换场区	每一局多次交换场区
自由防守队员	有	无	无

知识拓展

陈忠和——三十年的女排情结

时间是一壶陈年的酒,细细酒在中国女排 30 年走过的这一路,散发出弥久的陈香,

204

沁入心脾……陈忠和,从陪练到助理教练到教练再到主教练,他的名字伴随着酒香,也深深镌刻在中国女排30年走过的这条路上,他留下的滋味是万般的:酸甜辣……

1979年,陈忠和成了袁伟民执教的中国女排的第一任陪练员,那一年他刚好年满22周岁。当时领导和陈忠和说好只是临时借调45天,陪练完就归队,没想到的是,他这一去居然和中国女排结下了近30年的不解之缘。陈忠和是历届国家队主教练中唯一没有入选国家队的人,却有着辅佐过五位国家队主教练工作十几年的传奇经历。

从1979年到1984年,陈忠和在袁伟民教练手下整整待了五年,历经了"三连冠"时代的全部训练和部分比赛。2001年,44岁的陈忠和终于成为中国女排主教练,他率领的中国女排只用了半年时间就拿到了亚洲女排锦标赛的冠军。2003年夺得第九届女排世界杯赛冠军,中国女排时隔17年后再次登上世界之巅。

2004年雅典奥运会,他又率领中国女排取得冠军,这是中国女排20年后再次获得奥运冠军。2008年,率中国女排获北京奥运会女排季军。这位来自"排球之乡"漳州的主教练终于通过综合众师之长,用强化管理、科学训练等手段,锻造出一支顽强拼搏、技艺高超、作风过硬、团结奋斗的"娘子军"。

学以致用

1. 胜一分、胜一局和胜一场如何计算?
2. 判定后排进攻犯规的依据是什么?
3. 比赛前第一裁判员应做哪些准备工作?
4. 比赛中第二裁判员的职责有哪些?
5. 判断界内界外球的依据是什么?
6. 判断持球的依据是什么?

参考文献

[1]姚鸿芬.排球.北京:高等教育出版社,2004.

[2]孙国民.排球运动.北京:高等教育出版社,2010.

[3]虞重干.排球运动教程.北京:人民体育出版社,2009.

[4]陈小蓉.新世纪体育——排球.北京:高等教育出版社,2005.

[5]夏思永.软式排球,气排球,沙滩排球.桂林:广西师范大学出版社,2003.

[6]赵青.沙滩排球.北京:北京体育大学出版社,2009.

[7]赵青.排球技战术全图解.北京:北京体育大学出版社,2009.

[8]孙建华.沙滩排球软式排球.长春:吉林出版集团有限责任公司,2011.

[9]宋英杰.沙滩排球、软式排球、气排球运动.武汉:武汉理工大学出版社,2010.

[10]潘世君.论排球运动的健身价值.当代体育科技,2012(3).

[11]温金河.排球运动的素质训练和技战法.北京:黄河水利出版社,2012.

[12]刘文春.排球运动.北京:高等教育出版社,2005.

[13]陈铁成,王幼华.现代排球教学与训练方法设计教程.厦门:厦门大学出版社,2012.

[14]于贵和.软式排球、沙滩排球、气排球理论与方法.北京:北京师范大学出版社,2009.

[15]王加益.我国排球运动发展的动态研究.北京:北京体育大学出版社,2008.

[16]孙杰,雷艳艳.我国沙滩排球发展现状、存在问题及对策分析.韶关学院学报,2012(12).

[17]李雯.浅谈沙滩排球技战术.成都纺织高等专科学校学报,2009(7).

[18]郭宇杰,孙建华.优秀女子大学生排球运动员有氧、无氧能力特征研究.中国体育科技,2014(1).

互联网+教育+出版

立方书

教育信息化趋势下，课堂教学的创新催生教材的创新，互联网+教育的融合创新，教材呈现全新的表现形式——教材即课堂。

 轻松备课　 分享资源　 发送通知　 作业评测　 互动讨论

"一本书"带走"一个课堂"　教学改革从"扫一扫"开始

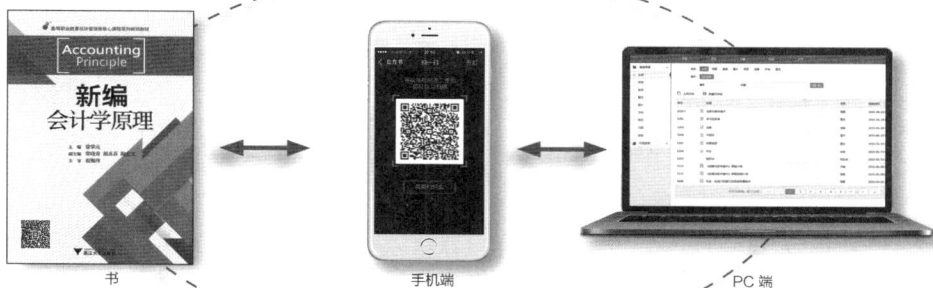

书　　　　　　　　　　手机端　　　　　　　　PC端

打造中国大学课堂新模式

【创新的教学体验】

开课教师可免费申请"立方书"开课，利用本书配套的资源及自己上传的资源进行教学。

【方便的班级管理】

教师可以轻松创建、管理自己的课堂，后台控制简便，可视化操作，一体化管理。

【完善的教学功能】

课程模块、资源内容随心排列，备课、开课，管理学生、发送通知、分享资源、布置和批改作业、组织讨论答疑、开展教学互动。

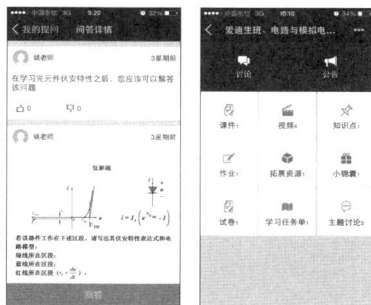

扫一扫 下载APP

教师开课流程

➡在APP内扫描封面二维码，申请资源

➡开通教师权限，登录网站

➡创建课堂，生成课堂二维码

➡学生扫码加入课堂，轻松上课

网站地址：www.lifangshu.com
技术支持：lifangshu2015@126.com；电话：0571-88273329